Silvia Fauck

Das Liebeskummer-Buch für Männer

Silvia Fauck

Das Liebeskummer-Buch für Männer

Geschichten und Tipps

Kreuz

Ich widme dieses Buch
Werner, dem Vater meiner wunderbaren Töchter

Mein größter Dank geht an Sabine Barz. Mit ihrer guten Laune, ihrer herzlichen Art und natürlich ihrem Können war sie mir die größte Hilfe und hat dieses Buch zu einer stressfreien Arbeit werden lassen: www.write-now.de

Bibliografische Information der Deutschen Bibliothek
Die Deutsche Bibliothek verzeichnet diese Publikation in der Deutschen Nationalbibliografie; detaillierte bibliografische Daten sind im Internet über http://dnb.ddb.de abrufbar.

Postfach 80 06 69, 70506 Stuttgart

www.kreuzverlag.de

Umschlaggestaltung: [rincón]² medien GmbH
Umschlagbild: © plainpicture / Rüggeberg, T.
Foto: © privat
Satz: de·te·pe, Aalen
Druck: CPI – Clausen & Bosse, Leck

ISBN 978-3-7831-3175-8

Inhalt

Einleitung

Wie gehen Männer mit ihrem Liebeskummer um? – Nachdem ich selbst mehr als drei Jahre meines Lebens damit verbrachte, über eine schmerzhafte Trennung hinwegzukommen, habe ich in den letzten Jahren immer mehr Männer kennen gelernt, die sich mit ihrem Liebeskummer an mich gewandt haben.

Während meiner eigenen Trauerzeit ist es mir nicht immer ganz leicht gefallen, Männer (den Feind) als normale und gefühlvolle Menschen wahrzunehmen. Meine Arbeit war damals der Retter in der Not. Ich habe versucht, meinen Schmerz zu betäuben, und mich nur noch um den Aufbau meiner Praxis gekümmert. Und gerade durch meine männlichen Klienten habe ich gelernt, genau hinzuschauen und die Dinge auch aus ihrer, der männlichen Perspektive zu betrachten. Dabei habe ich festgestellt, dass Männer in der Regel zunächst überhaupt nicht über ihren Liebeskummer sprechen. Manchmal vertrauen sie sich noch nicht einmal dem besten Freund an, sondern gehen stattdessen still leidend mit ihm zum Sport, um sich abzulenken. Liebeskummer bedeutet für viele Männer in erster Linie Schwäche. Und nach meiner Erfahrung will kein Mann schwach sein. Deshalb erlaubt er sich auch nicht, zu trauern. Erst wenn der Leidensdruck enorm groß ist, kommen Männer auf die Idee, sich professionelle Hilfe zu holen. Und auch das tun sie nicht selten heimlich – oder auf massives Drängen der besorgten Angehörigen.

Frauen hingegen brauchen in solchen Situationen Austausch. Sie erzählen ihren Freundinnen, ihren Müttern, ihren Arbeitskolleginnen und manchmal selbst der Verkäuferin im Supermarkt, dass sie verlassen wurden, dass sie leiden, dass sie nicht mehr ein noch aus wissen. Und: Sie schließen schnell von sich auf andere. Das Schweigen der Männer erscheint ihnen so unvorstellbar, dass sie daraus nicht selten falsche Schlüsse ziehen. Wer nicht spricht, ist offenbar gefühlsmäßig vollkommen unbeteiligt, leidet nicht und interessiert sich auch nicht für sein Gegenüber.

Ich kann heute aber mit Gewissheit sagen: Auch Männer leiden

– und wie! In meiner Praxis zeigen sie es und verbrauchen dabei übrigens weitaus mehr Taschentücher als die meisten Frauen, die zu mir kommen.

Mit diesem Buch möchte ich Männern zeigen: Liebeskummer ist kein Makel, den man um jeden Preis vor anderen verbergen muss. Vielen Männern geht es ähnlich wie Ihnen, das offenbaren die Geschichten in Teil I dieses Buches. Und ganz gleich, in welcher Situation diese Männer sich befanden, sie haben schließlich einen Weg gefunden, ihre Trauer zu überwinden und wieder neue Lebensfreude zu finden.

Die 25 in diesem Band versammelten Geschichten vom Liebeskummer sollen einerseits Balsam für Ihre geschundene Seele sein und Ihnen andererseits konkrete Ratschläge an die Hand geben, wie Sie es schaffen können, aus diesem momentanen Tief wieder herauszukommen.

Die »Fälle«, die ich für das Buch ausgewählt habe, skizzieren die große Bandbreite des Liebesleids der Männer. So handeln die Geschichten der Rubrik *»Plötzlich ist sie weg!«* von Männern, die von jetzt auf gleich verlassen wurden, ohne dass sie vorher das geringste Anzeichen für Risse in der Beziehung wahrgenommen hatten. Nicht eben besser ergeht es den Männern in *»Belogen und betrogen«*. Sie müssen sich nicht nur mit ihrem Trennungsschmerz auseinandersetzen, sondern auch noch mit der Tatsache, dass sie über einen längeren Zeitraum hinweg systematisch hintergangen wurden. Und neuerdings immer häufiger kommen Klienten zu mir, die nach einer sehr kurzen Beziehung von zwei oder drei Monaten verlassen wurden und genauso sehr leiden wie nach einer 20-jährigen Ehe. Zwei solcher Geschichten lesen Sie in der Rubrik *»Kurz, aber heftig«*.

Etwas anders gelagert sind die – nicht minder typischen – Beispiele, in denen ein Mann sich zwischen zwei Frauen nicht entscheiden kann. Was von außen betrachtet vielen Männern wie das große Glückslos erscheint, ist, wie die Geschichten unter *»Mann zwischen zwei Frauen«* zeigen, in Wirklichkeit für die Akteure oftmals eine regelrechte Qual. Die andere Seite der Medaille, nämlich der Geliebte einer verheirateten Frau bzw. einer Frau in fester Partnerschaft zu sein, ist allerdings keineswegs verlockender, wie Sie in den Geschichten der Rubrik *»Ich bin nur der Geliebte«* nachlesen können.

Eine weitere Schwierigkeit kommt hinzu, wenn es sich bei der (heimlichen) Liebschaft auch noch um eine Arbeitskollegin handelt. Als *»Sex im Büro«* beginnt es meist aufregend und abenteuerlustig, geht in 95 Prozent der Fälle jedoch nur wenige Wochen später nach hinten los. Die Verzweiflung ist dann umso größer, wenn man(n) das Objekt der Begierde auch noch täglich vor Augen hat.

Eine Gemeinsamkeit, die viele Männer verbindet, die in meine Praxis kommen, ist die Angst vor der Veränderung. *»Der Mann, der sich nicht traut«* hat häufig bereits jahrelang gelitten, bevor er schließlich feststellt: So kann es einfach nicht weitergehen – ich muss mein Leben jetzt verändern. Und auch hierzu gibt es ein Pendant: *»Der einsame Mann«*, der eine Veränderung will, aber nicht weiß, wie er es anstellen soll.

Nicht zuletzt kommen Männer zu Wort, in deren Geschichten Frauen gar keine Rolle spielen: *»Von Mann zu Mann«* lautet die Überschrift, unter der zwei Liebeskummer-Geschichten von schwulen Männern erzählt werden.

Jede dieser Geschichten ist einzigartig. Genauso einzigartig, wie es mit Sicherheit auch Ihre Geschichte ist. Dennoch hoffe ich, dass Sie vielleicht den einen oder anderen wertvollen Tipp aus der Lektüre gewinnen und Sie sich mit diesem Buch wenigstens für ein paar Stunden aus Ihrem gedanklichen Teufelskreis befreien können.

Eine kleine Hilfe zur Selbsthilfe für liebeskummergeplagte Männer bieten die beiden Exkurse in Teil II. Der Experte Berend Breitenstein zeigt in seinem Beitrag *»Mit Fitness und Ernährung gegen den Liebeskummer«* Möglichkeiten auf, wie Sie Ihre Stimmung in dieser schwierigen Zeit durch spezielle Lebensmittel und mit viel Bewegung gezielt verbessern können. In *»Der Mann im Liebeskummer – eine Einschätzung aus medizinisch-psychiatrischer Sicht«* klärt der Psychiater Jörg Weingärtner Sie darüber auf, wann Liebeskummer zur echten Krankheit wird und in welchen Fällen es unbedingt notwendig ist, einen Arzt aufzusuchen.

In Teil III möchte ich Ihnen einige handfeste Antworten zum Thema Liebeskummer geben: »Wie kann ich sie endlich vergessen?«, »Macht Liebeskummer krank?«, »Wann hört der Schmerz endlich auf?« – um nur einige der drängendsten Fragen zu nennen, mit denen die Patienten täglich in meine Praxis kommen. Vielleicht kann ich Ihnen damit bereits erste Anhaltspunkte geben, sich selbst und Ihre (Ex-)Partnerin besser zu verstehen. Und als kleines Bonbon obendrauf: Was wünschen sich Frauen von Männern? Und was wünschen sich Männer von Ihrer (potenziellen) Frau? Die Ergebnisse einer Umfrage in der Liebeskummer-Praxis gibt es kurz zusammengefasst am Ende dieses Buches.

Allen Lesern mit akutem Liebeskummer möchte ich noch etwas Wichtiges mit auf den Weg geben. Mit der Lektüre dieses Buches tun Sie bereits einen wichtigen Schritt auf dem Weg, Ihren Kummer zu überwinden: Sie beschäftigen sich aktiv mit Ihren Gefühlen und geben Ihrer Trauer auf diese Weise Raum. Bleiben Sie dran! Öffnen Sie sich Ihren Mitmenschen ein wenig – Sie werden feststellen, dass sehr viel Verständnis und Unterstützung auf Sie warten und wie Ihnen das helfen wird, aus dem Tal der Tränen herauszukommen. Auch Gespräche mit einem Coach oder einem Psychologen können Sie dabei unterstützen, die eigenen Gefühle und Gedanken zu sortieren. Probieren Sie es einfach mal aus – Sie haben dabei doch nichts zu verlieren.

Die unterschiedlichen Geschichten, die Männer in den vergangenen Jahren meiner Praxis in Berlin und Hamburg berichtet haben, bilden die Basis für die Fälle, von denen ich in diesem Buch erzähle. Für ihr Vertrauen und die Einblicke, die sie mir in ihr Gefühlsleben gewährt haben, möchte ich meinen Klienten von ganzem Herzen danken!

Ein ganz besonderer Dank gilt meinem Freund Nils, der mich während der vielen intensiven Gespräche, die wir über seinen Liebeskummer geführt haben, fast zur Verzweiflung gebracht hat. Allerdings wurde mir durch seine totale Offenheit ein noch größerer Einblick in die Welt der Männergefühle eröffnet. Danke!

Teil I

Geschichten und Tipps aus der Liebeskummer-Praxis

Belogen und betrogen

»Er ist für mich nur eine Freundin« – Stefans Geschichte

Eines Tages kommt ein junger, sehr sympathischer Arzt vollkommen aufgelöst in meine Praxis. Nennen wir ihn Stefan und reisen wir fünf Jahre in der Zeit zurück. Stefan ist Mitte 30 und hat kürzlich als Arzt die Praxis eines Kollegen übernommen, der sich in den Ruhestand zurückgezogen hat. Er ist verheiratet und hat einen 7-jährigen Sohn. Alles in allem ist er nicht unzufrieden mit seinem Leben, aber in der Beziehung zu seiner Frau ist die Luft »irgendwie ein bisschen« raus.

Wie der Zufall es will, lernt Stefan auf einer Bahnfahrt zwischen Hamburg und Berlin Andrea kennen – ebenfalls Mitte 30, ebenfalls verheiratet, drei Kinder im Alter zwischen zwei und zwölf Jahren. Bei beiden springt der Funke sofort über. Nach wenigen heimlichen Treffen wissen sie, dass da mehr zwischen ihnen ist. Also trennt er sich von seiner Frau, und Andrea verlässt ihren Mann. Kurz darauf zieht Stefan zu Andrea und ihren Kindern ins Haus. Alle verstehen sich blendend.

In den folgenden Jahren kümmert Stefan sich intensiv um die neue Familie, finanziert teure Urlaubsreisen und übernimmt alle anfallenden Arbeiten am Haus. In der Beziehung gibt es die üblichen Alltagsprobleme, aber eigentlich läuft es ziemlich gut zwischen den beiden, auch im Bett. Stefan ist glücklich in dieser Zeit. – Bis zu dem Abend, an dem Andrea ihm auf die Terrasse folgt. Gerade will er sich dort nach einem langen Arbeitstag eine Zigarette anzünden, da teilt sie ihm kurz und bündig mit: »Das war's mit uns beiden. Bitte pack deine Koffer und geh.«

Tatsächlich rafft Stefan, völlig vor den Kopf geschlagen, ein paar Sachen zusammen und zieht zunächst zu einem Freund. Als klar wird, dass Andrea es mit der Trennung ernst meint, ist Stefan drei Monate lang so am Boden zerstört, dass er sich kaum noch in der Lage fühlt, seinen Alltag zu bewältigen. Er kann nicht mehr schlafen, nicht mehr essen, hat Panikattacken und Durchfall. In seiner Praxis erledigt er nur das Allernötigste. Natürlich macht sich das kurze Zeit später finanziell bemerkbar. In dieser Phase erfährt Stefan auch, warum Andrea die Beziehung beendet hat: Sie ist Kirchenrätin und hat – schon seit mehreren Monaten, wie ihm später schmerzlich bewusst wird – ein Verhältnis mit einem Pastor. Ausgerechnet!

Dann hört er beim Autofahren im Radio von meiner Praxis. Noch aus dem Auto ruft er mich an und vereinbart einen Termin. In den folgenden Sitzungen lässt Stefan seiner Trauer, seiner Wut und seinen Rachegedanken endlich freien Lauf. Er ist empört, dass ein Mann der Kirche, einer, der jeden Sonntag vor der Gemeinde predigt, wie man sich in Beziehungen verhalten soll, einem anderen Mann so skrupellos Frau und Kinder wegnimmt. Ganz unfassbar wird es in Stefans Augen, als Andrea, die von ihrem ersten Ehemann noch nicht einmal geschieden ist, mit ihrem neuen Geliebten eine Verlobungsparty veranstaltet. Er, Stefan, werde diese Geschichte an die Kirchenmauer sprühen und den Pfarrer bei der höchsten kirchlichen Stelle wegen unmoralischen Verhaltens anzeigen!

Um dieser Eskalation entgegenzuwirken, erlaube ich Stefan, mir zu jeder Tages- und Nachtzeit SMS oder E-Mails zu senden. Auf diese Weise hat er eine Adresse für seine Wut und weiß, dass alles, was er schreibt, irgendwo ankommt. Auch die verschiedenen Anzeigen und Beschwerdebriefe, von denen er in meiner Praxis immer wieder spricht, bitte ich ihn, zunächst an mich zu schicken.

Ich bestätige ihm immer sofort, dass die entsprechende E-Mail angekommen ist und dass ich mich damit befassen werde, sobald ich Zeit dazu habe. Das gibt mir Gelegenheit, die Sache ein wenig auf die lange Bank zu schieben. Schließlich schlage ich ihm vor, hier und da noch etwas umzuformulieren. Nachdem Stefan wieder ein bisschen Distanz zu dem Geschriebenen gewonnen hat, besinnt er sich eines Besseren und beschließt, die Briefe doch nicht an die tatsächlichen Adressaten abzuschicken. – Aus meiner Sicht eine kluge Entscheidung.

Was bleibt, ist dennoch eine tiefe Wunde, die nicht nur durch die Trennung selbst aufgerissen wurde, sondern auch dadurch, dass Stefan sich im Nachhinein aufs Mieseste hintergangen fühlt. Er erinnert sich daran, dass Andrea sich schon monatelang mit dem Pastor regelmäßig E-Mails geschrieben hatte. Auf Stefans Nachfragen hatte sie beteuert: »Ach, da ist nichts, er ist einfach wie eine Freundin für mich.« Als er daraufhin den Pastor am Telefon zur Rede stellt, beteuert auch dieser, er und Andrea seien »nur« Freunde. Heute weiß Stefan, dass sie ihn knallhart belogen haben.

In einem seiner Wutanfälle schickt Stefan dann doch ein Einschreiben an Andrea ab und fordert darin die lächerliche Summe von 3000 Euro dafür, dass durch seine Arbeit und mit seinem Geld das Haus der Exfreundin weitreichend saniert und renoviert wurde. Und können Sie sich vorstellen, wer ihm schließlich den Scheck über diese Summe zusandte? Der Pfarrer! Ein weiterer Schlag ins Gesicht des Verlassenen.

Nach einigen Wochen intensiver psychischer Arbeit geht es Stefan endlich besser. Glücklicherweise kann ich ihn auch davon überzeugen, wie wichtig es ist, dass er wieder arbeiten geht, denn viele Liebeskummer-Patienten, insbesondere Selbstständige, steuern in ihrem Monate währenden Leiden häufig direkt auf den finanziellen Ruin zu. Meine Ermunterung, dass Stefan der Exfreundin auch eins auswischen kann, indem er seine Praxis wieder richtig ins Rennen bringt, zeigt Wirkung – denn über die finanzielle Unsicherheit durch seine Selbstständigkeit hatte Andrea sich regelmäßig beklagt. So ist also ein erster großer Meilenstein unserer gemeinsamen Arbeit erreicht, und ich muss gestehen, dass ich ein bisschen erleichtert bin.

Aber gleichzeitig weiß ich aus Erfahrung: Liebeskummer verläuft in Wellen, und die nächste Woge kommt bestimmt. Immer wieder macht Stefan zwei Schritte nach vorn und einen zurück, das ist ganz normal. Eines Tages schickt er mir per E-Mail Bilder von Andrea und ruft mich gleich darauf an: »Na, wie finden Sie sie?« – Was soll ich darauf antworten? »Also, ich muss sagen, so mit dem Blick einer Frau: super Figur«, gebe ich mein Urteil ab. »Aber ehrlich gesagt, sie sieht mir ein bisschen zu ökomäßig aus.« »Ach so, aha«, sagt Stefan, und ich spüre förmlich die Verblüffung auf der anderen Seite der Leitung, denn so hatte er seine Partnerin noch nie betrachtet. »Na, das ist ja mal eine Aussage.«

Bei der nächsten Sitzung trage ich zufälligerweise sehr spitze elegante Schuhe. »So was ziehen also Frauen an, die nicht ökomäßig sind«, lautet Stefans Kommentar. »Der spitze Schuh« ist von da an ein geflügeltes Wort zwischen uns und begleitet den Prozess, in dem Stefan mehr und mehr auf die Füße kommt. Inzwischen ist er bereits in der Lage, seine Beziehung mit Andrea zu reflektieren und kritisch zu hinterfragen. Es kommt sogar zu einem Treffen zwischen ihm und Andreas Ehemann, bei dem Stefan vieles klarer wird. Zum Beispiel, dass der Ehemann auf genau dieselbe Weise von Andrea verlassen wurde wie er selbst – nur dass sie ihm damals eine ganz andere Geschichte auftischte. Für Stefan ist das die tröstende Erkenntnis, dass die plötzliche Trennung keineswegs in seinem eigenen Verhalten begründet ist, sondern offenbar Andreas strukturelles Muster zu sein scheint.

Und noch eine Einsicht bringen unsere Gespräche zutage: Stefan erkennt in dem, was Andrea ihm über den Pastor erzählt hatte, viele Eigenschaften ihres Vaters wieder. Über Letzteren hatte sie früher jedoch immer hemmungslos gemotzt und gemeckert. Das bringt Stefan noch weiter auf den Teppich zurück, denn wenn er eines niemals sein wollte, dann ist es die Vaterfigur für seine Partnerin.

Der leidvolle Weg, den Stefan über mehrere Monate hinweg gegangen ist, hat glücklicherweise auch positive Begleiterscheinungen. Nach der Trennung von Andrea finden er und sein leiblicher Sohn wieder näher zueinander. Auch mit seiner Exfrau versteht er sich heute viel besser als während der Jahre mit Andrea.

Einige Monate nachdem wir die gemeinsame Arbeit abgeschlossen haben, erhalte ich von Stefan eine E-Mail mit dem Text: »Liebe Frau Fauck, ich kann gar nicht richtig beschreiben, was passiert ist. Jedenfalls ist meine vorsichtige Annäherung an die Dame seit Ostern ein Volltreffer. Sie ist 36, ungebunden, sportlich, spitze Schuhe, sinnlich. Sie strahlt eine unheimlich positive Ruhe aus, und das tut mir gut. Frau Fauck, das ist Ihr Ding, Sie haben mir dazu verholfen. Ich hätte mich sonst nie getraut ... Also: Wann hole ich Sie zum Drink ab?«

Ein schönes Happy End – oder sollte man besser sagen Happy Beginning?

Meine Einschätzung zu dieser Geschichte

Stefans Geschichte hat mich vor allem deshalb so berührt, weil er unter der Trennung sehr gelitten hat. Er selbst war seiner Freundin immer treu und hat keine Sekunde lang daran gedacht, eine andere Frau anzugucken. Bei all den Geschichten, die ich in meiner Praxis täglich höre, ist das selten genug. Häufig ist es der Mann, der sich eine neue Freundin sucht und sich so abrupt von seiner bisherigen Partnerin trennt. In diesem Fall war es umgekehrt. Auch damit, dass Stefan sich in unseren Gesprächen immer sehr um die Kinder seiner Exfreundin sorgte, übernahm er den traditionell eher weiblichen Part.

Menschen, die ähnliche Erfahrungen wie Stefan machen oder gemacht haben, rate ich:

- Setzen Sie als Selbstständiger wegen Liebeskummer niemals Ihre Existenz aufs Spiel. – Sie haben sonst bald nicht nur mit Trennungsschmerz, sondern zusätzlich mit ganz anderen Problemen zu kämpfen.
- Erinnern Sie sich daran, wer Sie selbst sind. Was haben Sie beruflich erreicht? Wo liegen Ihre Stärken? Wer sind Ihre Freunde? Was macht Ihre Persönlichkeit aus? Geben Sie Ihrem Selbstwertgefühl so viel Futter wie irgend möglich.
- Seien Sie sich darüber bewusst, dass Menschen im Verlauf ihres Lebens bestimmte Verhaltensmuster entwickelt haben – auch im Hinblick auf die Beendigung von Beziehungen. Wenn Ihre

Expartnerin Sie eiskalt abserviert hat, sollten Sie das nicht auf Ihr eigenes Verhalten beziehen, sondern zunächst einmal schauen, ob es Ihren Vorgängern nicht genauso ergangen ist wie Ihnen. Glauben Sie mir: So wie Ihre Partnerin Sie behandelt hat, wird sie es mit sehr großer Wahrscheinlichkeit früher oder später auch mit ihrem neuen Partner tun. Er wird dann genauso leiden wie Sie – und wie Ihr Vorgänger.

— * —

Belogen und betrogen

»Du kannst ja noch nicht mal deine Frau ernähren!« – Karstens Geschichte

Karsten hielt sich selbst bis vor kurzem noch für glücklich verheiratet. Als er mich vollkommen aufgelöst anruft, ist dieses Bild gerade massiv ins Wanken geraten. Seine Geschichte ist ein Beispiel par excellence dafür, dass auch Frauen gnadenlos sein können. Wenn Sie ein verlassener oder betrogener Mann mit Liebeskummer sind, wird diese Story Wasser auf Ihre Mühlen sein.

Karsten ist selbstständiger PR-Berater und führt seit kurzem eine eigene PR-Agentur in Köln. Der Schritt aus einem gut bezahlten Angestelltenjob in die Selbstständigkeit ist ihm zwar nicht leicht gefallen, aber gleichzeitig erfüllt er sich damit einen lang gehegten Karrieretraum. Inzwischen läuft die Agentur immer besser, und nach und nach kann Karsten seinen Eltern das Geld zurückzahlen, das sie ihm als Startkapital geliehen haben.

Karstens Frau Christine arbeitete jahrelang als Redakteurin für eine Fernsehsendung, die in Köln produziert wird. Durch einen Zufall kam es dazu, dass sie selbst eine Sendung moderierte, und vollkommen überraschend kann sie sich nun vor weiteren Fernsehangeboten kaum noch retten.

Als die erste Sendung läuft, bei der Christine im Fernsehen zu sehen ist, köpfen sie und Karsten eine gute Flasche Champagner und feiern ausgelassen in aller Zweisamkeit. Doch je mehr Christines neue Karriere Formen annimmt, desto größer wird die Kluft zwischen den beiden. Immer tiefer taucht sie in die Glamourwelt des Fernsehens ein und immer verächtlicher behandelt sie ihren Mann. Sie hält sich an keine Absprache mehr, kommt abends oft erst um 23 Uhr nach Hause und meckert Karsten am nächsten Morgen an, dass er nachts angeblich so laut geschnarcht habe. Überhaupt kommt plötzlich eine zickige Ader an ihr zum Vorschein, von der Karsten in all den Jahren zuvor noch nie etwas bemerkt hatte.

»Du bist ja noch nicht einmal in der Lage, deine Frau zu ernähren«, wirft sie ihm schließlich vor und lässt demonstrativ Quittungen von Schuhen oder Handtaschen herumliegen, die ein halbes Vermögen gekostet haben.

Karsten nimmt sich diese Vorwürfe sehr zu Herzen. Deshalb überrascht er Christine kurze Zeit später mit einem Kurzurlaub in Paris, wo beide endlich einmal wieder schöne, harmonische Tage miteinander verbringen. Dort kauft er ihr auch die netten kleinen Dessous, in die sie sich bei einer Shoppingtour sofort verguckt hat, was auch in das Sexleben der beiden wieder mal ein wenig Feuer bringt.

Zurück in Köln steht für Christine eine Reise zu einer Produktion in Hamburg an. Als Karsten sie zufällig im Schlafzimmer beim Kofferpacken antrifft, sieht er, wie sie gerade die neue Reizwäsche in ihrem Koffer versteckt. Karsten macht dieser Umstand ein wenig stutzig – was will seine Frau mit dieser Wäsche auf einer Dienstreise? Er hatte eigentlich gedacht, dass der Anblick seiner Frau in Unterwäsche ihm als Ehemann vorbehalten wäre … Trotzdem sagt er zunächst nichts.

Als Christine jedoch drei Tage später von der Reise nach Hause kommt, bemerkt er, dass sie eben diese Dessous unter der dünnen weißen Bluse trägt. Am Abend desselben Tages kommt es aber noch krasser: Normalerweise sieht Karsten nichts Problematisches daran, sich gleichzeitig mit seiner Frau im Bad aufzuhalten. Immerhin gibt es dort zwei Waschbecken, und häufig putzen sich beide gleichzeitig die Zähne oder machen sich für die Arbeit fertig. Heute jedoch faucht Christine, die sich gerade ausgezogen hat, ihn an: »Kannst du nicht warten, bis ich hier fertig bin? Tu mir den Gefallen und mach die Tür von außen zu!«

Da wird es Karsten dann doch zu bunt und er wendet sich an mich, um sich Unterstützung zu suchen. »Glauben Sie, meine Frau hat einen anderen?«, fragt er mich verunsichert. Nach allem, was ich von Karsten bis jetzt gehört habe, muss ich leider sagen, dass alles darauf hinweist. Wenn eine Frau a) Reizwäsche mit auf die Dienstreise nimmt und b) plötzlich nicht mehr will, dass ihr eigener Ehemann sie nackt sieht, klingt das ganz danach, dass sie in einen anderen verliebt ist.

Karsten folgt daraufhin meinem Rat und spricht Christine offen auf das Thema an. Sie fällt jedoch aus allen Wolken: Wie er denn bitteschön darauf käme? Das wäre ja eine Unverschämtheit! – Und dann folgt noch eine ganze Tirade weiterer Vorwürfe. In dem heftigen Streit, der an diesem Abend entbrennt, erklärt Christine ihrem Mann, sie sei es leid, dass er ihr nichts bieten könne und dass er jeden Abend so abgearbeitet nach Hause käme. Außerdem sei es eine Zumutung, dass sie nach einer derart heftigen Woche offenbar auch noch einkaufen gehen müsse, weil er es nicht auf die Reihe bekomme, den Kühlschrank zu füllen. Kurzum: Sie habe sich sowieso überlegt, dass sie ausziehen wolle, weil sie es mit ihm einfach nicht mehr aushalte.

Spätestens zu diesem Zeitpunkt ist Karsten wirklich massiv misstrauisch und bekommt kurze Zeit später heraus, dass Christine bereits seit vier Monaten über einen Makler eine 4- bis 5-Zimmer-Eigentumswohnung in Köln sucht. Jetzt ist sein Vertrauen in sie dermaßen zerstört, dass er kaum noch ihre Gegenwart erträgt. Wie konnte sie ihn so hintergehen? Und wie es scheint, hat sie ihn auch von Anfang an angelogen, denn es ist wohl ziemlich unwahrscheinlich, dass sie die neue Wohnung allein beziehen will. Offenbar sind die Dinge mit dem mysteriösen neuen Liebhaber bereits so weit vorangeschritten, dass die beiden sogar planen, zusammenzuziehen.

Zu dieser Zeit erhalte ich auch einen Anruf von Karstens Vater. Er und seine Frau machen sich Sorgen um ihren Sohn, erklärt er mir. Karsten habe ihnen gegenüber nun schon zum zweiten Mal gesagt, es sei doch das Beste, wenn er seinem Leben ein Ende machen würde. Daraufhin ermahne ich Karsten bei unserem nächsten Telefonat, unbedingt einen Arzt oder Psychiater aufzusuchen, der ihm zusätzlich zu unseren Gesprächen alle nötige medizinische Hilfe gibt.

Als Karsten dann drei Wochen später seelisch wieder etwas stabiler ist, bitte ich ihn, sich zu überlegen, ob es für ihn nicht besser wäre, Christine aufzufordern, aus der gemeinsamen Wohnung auszuziehen. Doch Karsten traut sich nicht, diesen Schritt zu tun. Wenn er Christine nun zu Unrecht beschuldigt und es gibt gar keinen anderen Mann? Hätte er dann überhaupt das Recht, seine Frau einfach vor die Tür zu setzen?

Noch zwei weitere Male spricht Karsten das Thema Christine gegenüber an – und beide Male streitet sie ab, dass es irgendeinen anderen Mann gibt. Gleichzeitig findet er immer neue Indizien für seine These und kommt sich schon schizophren vor, weil seine Frau ihm vorwirft, er sei ja total paranoid.

»Wenn Sie unbedingt einen Beweis brauchen, dass Sie Recht haben, damit Sie Ihre Frau bitten können, auszuziehen, dann müssen Sie diesen Beweis irgendwie besorgen«, sage ich schließlich, weil wir anders offenbar nicht weiterkommen. »Entweder Sie prüfen selbst nach, ob es stimmt, was Sie denken, oder Sie setzen für ein paar Tage einen Detektiv auf Christine an.«

Das kann Karsten sich wiederum überhaupt nicht vorstellen, aber letztlich bringt ihn dieser Vorschlag dazu, seine Frau ohne Beweis um den Auszug zu bitten. Christine lässt sich das nicht zweimal sagen. Vielleicht hat sie sogar darauf gewartet, dass Karsten für sie die Entscheidung trifft und so die Rolle des »miesen Typen« übernimmt, der sich von ihr getrennt und sie vor die Tür gesetzt hat.

Kurz darauf schickt sie ihre Mutter vor, die Karsten mitteilt, wohin er doch bitte Christines Sachen schicken möchte. Damit ist das Ende dieser Ehe besiegelt, und fortan kommunizieren die beiden nur noch per Anwalt miteinander.

Karsten räumt noch über ein Jahr lang die Trümmer der Beziehung auf und muss in dieser Zeit immer wieder in ärztliche Behandlung. Er hatte die ganze Entwicklung mit Christine überhaupt nicht kommen sehen und hat nach dem ganzen Drama kein Vertrauen mehr in seine eigene Wahrnehmung. »Wie konnte ich mich in einem Menschen, mit dem ich fast zehn Jahre lang verheiratet war, dermaßen täuschen?«, fragt er mich immer wieder – eine Frage, die sich fast alle Menschen stellen, die nicht nur betrogen, sondern auch über einen längeren Zeitraum hinweg hintergangen werden.

Mit Karstens privater Misere gerät auch seine Agentur schwer in die Krise. Immer wieder erinnere ich ihn daran, dass er mit der Agentur seine ganz persönliche Vision verwirklicht hat und jetzt auf keinen Fall alles aufgeben sollte. Irgendwann fasst er dann endlich wieder etwas Mut und geht mit mehr Energie an die Arbeit. Stück für Stück kommen so auch das Selbstbewusstsein und der Erfolg zurück.

Nachdem Karsten über einen Zeitraum von anderthalb Jahren immer wieder das Gespräch mit mir gesucht hat, lernt er schließlich eine Frau kennen, die all das, was er verkörpert, wirklich zu schätzen weiß. Anette bewundert ihn für seinen Mut und seine Ausdauer, freut sich auch über Kleinigkeiten, die er ihr von Zeit zu Zeit schenkt, und ist ganz stolz, als sie ihren Eltern den sympathischen und erfolgreichen neuen Freund vorstellt. So heilen Karstens Wunden nun doppelt so schnell – und das hat dieser Mann wirklich verdient.

Meine Einschätzung zu dieser Geschichte

In dieser Geschichte wird der Mann – bitte verzeihen Sie mir den Ausdruck – tatsächlich von vorne bis hinten verarscht. Karsten hat sich überhaupt nichts zu Schulden kommen lassen. Er arbeitet hart, um seine Agentur aufzubauen und später genau das tun zu können, was Christine von ihm verlangt: ihr etwas zu bieten. Sie weiß das jedoch überhaupt nicht zu schätzen. Stattdessen sucht sie sich einen anderen und münzt ihr eigenes schlechtes Gewissen in lauter Vorwürfe gegen Karsten um. So vermittelt sie ihm, dass er sie schlecht behandeln würde, während es in Wirklichkeit um ihr eigenes Verhalten geht. Der ahnungslose Karsten nimmt diese Kritik dann zunächst einmal an und fragt, ob er wirklich etwas falsch macht. So ist es nur verständlich, dass er nach allem, was zwischen ihm und seiner Frau vorgefallen ist, massive Zweifel an seiner eigenen Wahrnehmung hat.

Männern, die sich in einer ähnlichen Situation befinden wie Karsten, rate ich:

- Wenn sich bei Ihnen das Gefühl verdichtet, dass Ihre Partnerin Sie betrügt, sprechen Sie dies unbedingt an und lassen Sie sich nicht mit irgendwelchen Ausflüchten abspeisen. Bitten Sie notfalls um eine offizielle Verabredung, um über das Thema zu reden, damit es nicht zwischen Tür und Angel zur Sprache kommt.
- Leider ist es in einem solchen Fall noch immer ein guter Tipp, zu versuchen, die Partnerin eifersüchtig zu machen. Reagiert sie darauf nicht, ist das ein Alarmsignal. Reagiert sie tatsächlich eifersüchtig, ist Gott sei Dank noch Gefühl im Spiel.
- Wenn Sie noch Hoffnung haben, dass Ihre Beziehung sich wieder in positive Bahnen lenken lässt, holen Sie sich am besten den Rat eines neutralen Beraters oder einer Beraterin. Es wird Ihnen dann leichter gelingen, die Dinge einmal von außen zu betrachten und Ihre Gedanken zu sortieren.
- Wenn Sie in Ihrem Innersten bereits wissen, dass die Partnerschaft nicht mehr zu retten ist, treffen Sie als Betrogener selbst frühzeitig die Entscheidung zu gehen, und stehen Sie dazu. Wenn Ihre Partnerin Sie erst »ausrangiert«, ist die Trauer umso größer und das Selbstwertgefühl gleich ganz im Keller. Und denken Sie daran: Nichts ist schlimmer, als eine zerbrochene Ehe oder Beziehung aufrechtzuerhalten und abzuwarten, bis im wahrsten Sinne des Wortes alles zu spät ist.

— * —

Belogen und betrogen

»Meine Frau ist sexbesessen« – Daniels Geschichte

»Meine Frau will in letzter Zeit ständig Sex mit mir« – mit diesem Satz wartet Daniel in meiner Berliner Praxis auf. »Und wo liegt das Problem?«, denke ich noch, aber wenige Minuten später ist mir klar, was Daniel daran Sorgen bereitet.

Seit etwa zwölf Jahren ist er mit seiner Jugendliebe Kirsten verheiratet, gemeinsam haben sie zwei Söhne, Zwillinge im Alter von zehn Jahren. Daniel arbeitet als Bankangestellter, Kirsten ist seit der Geburt der Kinder Hausfrau. Das Sexualleben der beiden beschreibt Daniel mir als »normal«. Im Urlaub und an den Wochenenden liefe sicherlich mehr zwischen ihnen als im Alltag, nach so einem zehnstündigen Arbeitstag, wie er ihn habe, sei er häufig einfach zu k.o. für große Romantik.

Mit Kirsten hingegen seien in den letzten Monaten einige Veränderungen vor sich gegangen, die er anfangs nicht so wichtig genommen habe. Mittlerweile hätten sie sich aber zu einem handfesten Problem entwickelt. Die beiden Jungen gehen an zwei Abenden in der Woche zum Sport und kommen erst gegen 20.30 Uhr nach Hause. Wenn er, Daniel, dann schon früher das Haus betritt, umgarnt Kirsten ihn nun ständig mit Küssen und Streicheleinheiten und versucht, ihn zu einem »Quickie« im Wohnzimmer, in der Küche oder sonstwo zu überreden. Die ersten drei-, viermale fand Daniel das noch aufregend und hat sich bereitwillig darauf eingelassen. Inzwischen sei ihm das Ganze manchmal aber schon ein wenig lästig – sie seien eben nicht mehr zwanzig. Auch morgens vor dem Aufstehen wendet Kirsten neuerdings all ihre Verführungskünste an, um Daniel dazu zu bringen, mit ihr Sex zu haben. Ihm sei das allerdings unangenehm, wenn er daran denkt, dass bei den Jungs nebenan schon der Wecker geklingelt hat und sie jeden Moment in der Schlafzimmertür stehen könnten.

Doch mit dieser lustgewaltigen Entwicklung seiner Frau bemerkt Daniel nun noch eine andere neue Gewohnheit an ihr. Ständig sitzt sie jetzt abends, wenn die Kinder im Bett sind, an ihrem gemeinsamen Computer und tippt wie wild in die Tastatur. E-Mails an ihre Freundin Susanne, die seit kurzem in Dresden lebt, behauptet Kirsten auf Daniels Nachfrage. Doch als er in einem ungestörten Moment selbst einmal am Computer sitzt, sieht er, dass gewisse verräterische Spuren von Kirsten kaum verwischt wurden: Durch die Verlaufsanzeige im Browser stellt er fest, dass sie offenbar reihenweise Pornoseiten aufgerufen hat, die teilweise auch Kontaktangebote für sexwillige User anbieten. Daniel ist zutiefst verwirrt.

Misstrauisch geworden, öffnet er Kirstens E-Mail-Programm,

das nicht vor fremden Zugriffen geschützt ist, und fällt fast vom Stuhl bei der Entdeckung, die dort auf ihn wartet: Zig E-Mails mit unglaublich »versautem« Inhalt findet er vor und traut seinen Augen kaum, als er im Ordner »Gesendete Objekte« die entsprechenden von Kirsten verfassten Gegenstücke dazu liest.

Als Kirsten an diesem Abend von ihrer Verabredung – angeblich mit ihrer besten Freundin Jenny – zurückkommt, stellt Daniel sie zur Rede. Kirsten streitet nichts von allem, was er ihr in diesem Gespräch vorwirft, ab. Ja, sie habe diese Internetseiten besucht und schreibe sich regelmäßig E-Mails mit fremden Männern. Aber Daniel brauche sich überhaupt keine Sorgen zu machen, das alles sei nur virtuell, lediglich einmal habe sie sich mit einem dieser Typen auf einen Kaffee getroffen. Er, Daniel, würde doch schließlich auch davon profitieren, dass wieder mal ein wenig Feuer in ihre Beziehung käme, oder etwa nicht?

Daniel kommt mit der ganzen Geschichte überhaupt nicht klar. Er weiß nicht mehr, was er glauben und wo das Ganze noch hinführen soll. Deshalb erkundigt er sich im Internet nach entsprechender Hilfe und erscheint kurz darauf in meiner Praxis.

Als er mir gegenübersitzt, sehe ich ihm an, wie unangenehm es ihm ist, über all diese Dinge zu sprechen. Es sei ihm peinlich, wie seine Frau sich verhalte, und er hoffe sehr, dass noch niemand von ihren gemeinsamen Freunden und Bekannten davon etwas mitbekommen hat. Dass er nun endlich den Mut gefunden habe, mit jemandem zu reden, läge auch daran, dass kürzlich noch ein weiterer Aspekt in Kirstens Verhalten dazugekommen sei. Sie läuft jetzt immer öfter mitten am helllichten Tag zu Hause in Miniröcken, Strapsen und Reizwäsche herum. Nach Daniels Auffassung sei das für seine Söhne eine Zumutung. Er kann sich nicht vorstellen, dass es gut für Kinder sein kann, ihre Mutter so zu sehen. Als er versucht habe, mit Kirsten darüber zu sprechen, lachte sie ihn aus und bezeichnete ihn als konservativen Spießer.

»Ich weiß es einfach nicht, Frau Fauck. Denken Sie auch, dass ich zu spießig bin? Sollte ich mich vielleicht einfach freuen, dass meine Frau so eine Sexbombe ist, und mir keine Gedanken mehr machen?«, fragt er mit ratlosem Ausdruck. Andererseits, so erklärt er mir, kommt er jedoch gegen sein Misstrauen gar nicht an. Immer öfter fährt er nun während seiner Arbeitszeit zu kurzen »Kontrollbesuchen« nach Hause – und meistens ist seine Frau dann nicht da. Fragt er sie danach, wie es kommt, dass sie neuerdings so viel unterwegs ist, hat sie immer eine Begründung parat: Shoppen mit Freundinnen, Arzttermine, Fahrten mit den Söhnen zum Sport oder sonst irgendwelche Aktivitäten. Komisch nur, dass das vor einem Jahr noch vollkommen anders ausgesehen hatte. Oder vielleicht hatte er damals nur einfach noch nichts von Kirstens »geheimem Doppelleben« bemerkt, grübelt er.

Aus meiner Sicht sind Daniels Bedenken vollkommen berechtigt. »Ich fürchte, Ihre Frau ist krank«, versuche ich ihm schonend beizubringen, wie ich die Sache sehe. Sicher ist es verständlich, dass Kirsten, da sie ihre Jugendliebe geheiratet hat, jetzt möglicherweise ein gewisses »Nachholbedürfnis« in Sachen Sex und Abenteuer hat. Aber alles, was Daniel mir schildert, klingt nach einer pathologischen Störung. Kirsten scheint nach und nach eine sexuelle Obsession zu entwickeln, die sich immer weiter ausformt.

»Sie sollten dringend gemeinsam einen Sexualtherapeuten aufsuchen, der ihnen vielleicht helfen kann, Kirstens Problem und Ihre Beziehung wieder in den Griff zu bekommen«, rate ich ihm. Daniel wehrt diese Möglichkeit zunächst mit Händen und Füßen ab. Doch als er schließlich merkt, wie sein eigenes Kontrollbedürfnis ebenfalls immer absurdere Züge annimmt, überredet er Kirsten schließlich doch zu einem Beratungsgespräch beim Therapeuten. Leider geht die ganze Aktion vollkommen nach hinten los. Während Kirsten sich zunächst noch in Sicherheit wiegt, dass der Psychologe Daniels Besorgnis und Misstrauen schon zerstreuen würde, legt der Therapeut ihr ganz im Gegenteil nahe, sich unbedingt in langfristige Behandlung zu begeben. Als Kirsten das ablehnt, ist die Ehekrise endgültig perfekt.

Über mehrere Monate hinweg folgen endlose wortreiche Auseinandersetzungen, bis Daniel schließlich vollkommen resigniert von der ganze Sachen ablässt. Noch weitere vier Monate hält er das Zusammenleben mit Kirsten aus, dann fordert er sie auf, sich eine eigene Wohnung zu suchen, er werde von jetzt an auf Teilzeit gehen, sich um die Versorgung der Kinder kümmern und die Scheidung einreichen.

Kirsten wehrt sich gegen diesen Vorschlag kaum, fast scheint sie erleichtert, dass sie nun endgültig aus dem geregelten Familienalltag ausbrechen kann. Das Sorgerecht für die Kinder wird ebenfalls Daniel zugesprochen.

Einige Monate später treffe ich Daniel zufällig in Berlin auf der Straße. Seine Frau würde offenbar immer noch ihre Pubertät nachholen, erzählt er mir, und tingele von einer Sexgeschichte in die nächste. Er wisse das von ihrer ehemals besten Freundin Jenny, die mittlerweile wohl auch ziemlich befremdet ist von Kirstens Verhalten. Er selbst habe mit Kirsten kaum noch Kontakt. Regelmäßig holt sie zwar die Kinder bei ihm ab, aber es bleibt dann bei einem kurzen Hallo und Tschüss. Den Kindern gegenüber verhalte sie sich aber offenbar ganz okay, sagt Daniel. Wenn die Jungs dann erzählen, was sie mit ihrer Mutter unternommen haben, erinnert er sich daran, was Kirsten damals, als sie sich kennen lernten, für eine liebevolle, sympathische und ganz normale Frau gewesen war. »Aber dieser Mensch, den ich geheiratet habe, ist irgendwie untergetaucht«, sagt Daniel traurig. »Ich hoffe, er kommt irgendwann wieder an die Oberfläche.«

Meine Einschätzung zu dieser Geschichte

Das Internet hat uns in den letzten Jahren viele ungeahnte Möglichkeiten eröffnet, doch mittlerweile warnen Experten auch vor den damit verbundenen Gefahren. Internetsucht wird von Psychologen inzwischen als Krankheit eingestuft, das gilt auch für Menschen, die süchtig danach sind, anonym zu chatten oder auf andere Weise intensive virtuelle Beziehungen zu pflegen. Diese Sucht ist eine Komponente von Kirstens Problem.

Die andere Komponente besteht darin, dass Kirsten ihren Jugendfreund geheiratet hat. Sie kannte bis zu ihrem 35. Lebensjahr offenbar Sex nur mit diesem einen Mann. In so einem Fall haben Menschen, ob Männer oder Frauen, früher oder später häufig das Gefühl, sexuell etwas verpasst zu haben. Leider kommen bei Kirsten beide genannten Aspekte in extrem unglücklicher Weise zusammen. Man kann nur hoffen, dass sie eines Tages wieder etwas klarer sieht und in der Lage ist, Hilfe von außen auch anzunehmen.

Männern, die sich in einer ähnlichen Situation befinden wie Daniel, rate ich:

- Wenn Sie an Ihrer Partnerin ein solches Internet-Suchtverhalten wahrnehmen, suchen Sie das offene Gespräch mit ihr. Es muss dabei nicht immer gleich um Sex gehen. Auch Spielsucht ist beispielsweise eine typische Form von Internetsucht, die ebenso psychologisch behandelt werden sollte.
- Gehen Sie mit Ihrer Partnerin in eine Beratungsstelle oder nehmen Sie andere professionelle Hilfe in Anspruch. Wenn Ihre Partnerin dazu nicht bereit ist, sollten Sie sich zunächst allein beraten lassen. Falls Sie überhaupt nicht wissen, an wen Sie sich wenden können, gehen Sie notfalls mit dem Problem zu Ihrem Hausarzt. Er wird Sie an die entsprechenden Stellen weiterverweisen.
- Verstricken Sie sich nicht in eine Dynamik aus Sucht- und Kontrollverhalten. Sie machen sich damit nur selbst verrückt und helfen Ihrer Partnerin in keiner Weise weiter. Manifeste Süchte lassen sich nicht durch irgendwelche Maßregeln und Verbote heilen. Was Ihre Partnerin braucht, ist psychologische und gegebenenfalls medizinische Hilfe sowie Ihre Unterstützung im positiven Sinne. Auf welche Weise Sie Ihre Partnerin unterstützen können, erfahren Sie ebenfalls vom behandelnden Therapeuten.
- Und last but not least: Vertrauen Sie auf Ihr Bauchgefühl. Daniel wusste von Anfang an, dass etwas nicht stimmte, wollte es aber über einen langen Zeitraum nicht wahrhaben. Mir gegenüber fand er immer neue Argumente, seine Frau in Schutz zu nehmen. Ich kann Ihnen nur raten: Seien Sie ehrlich zu sich selbst, sonst können Sie schnell in eine so genannte Co-Abhängigkeit abrutschen.

»Das ist unser letzter gemeinsamer Urlaub« – Peters Geschichte

Als Peter zu mir kommt, ist er weder verzweifelt noch wütend, sondern er steht einfach vollkommen unter Schock und fühlt sich wie gelähmt oder betäubt. Ganz ruhig und gefasst erzählt er mir seine Geschichte, die vor über zehn Jahren beginnt.

Peter ist Mitte 50 und lernt 1997 in einem Cluburlaub Gudrun kennen. Seitdem sind sie ein Paar. Beide waren zuvor bereits einmal verheiratet und sind geschieden. Peter hat zwei erwachsene Kinder, die schon aus dem Haus sind, Gudrun ist kinderlos.

Während Gudrun in einer Kleinstadt in Hessen lebt, hat Peter eine großzügige Eigentumswohnung in einem Vorort von München. Da jeder der beiden beruflich sehr eingespannt ist, führen sie von Anfang an eine Fernbeziehung. Für die Partnerschaft stellt das, so Peter, aber keine Belastung dar – im Gegenteil, sie sehen es als Vorteil an, dass jeder sich so seine Freiheit und Eigenständigkeit bewahren kann. Alles läuft ruhig und entspannt zwischen ihnen.

Für den zehnten Jahrestag ihrer Beziehung hat Peter sich etwas ganz Besonderes ausgedacht: Er macht Gudrun einen sehr romantischen Heiratsantrag, verpackt in allerlei kleine Überraschungen, die er für sie vorbereitet hat. Gudrun ist ganz gerührt und nimmt an – sie weiß schon lange, dass sie mit Peter alt werden möchte.

Materiell mangelt es den beiden an nichts, und so beschließen sie, eine richtig große Hochzeit mit allem Drum und Dran zu feiern. So laden sie rund 200 Verwandte und Freunde zu einem traumhaften Wochenende auf einem kleinen Kreuzfahrtschiff ein. Auch die Trauung findet auf hoher See statt. Es wird ein Fest, das wohl alle, die dabei waren, für den Rest ihres Lebens in besonderer Erinnerung behalten werden.

Als verheiratetes Paar machen Peter und Gudrun nun Pläne für das nicht mehr allzu ferne Dasein im Ruhestand. Da Gudrun sich sehr gut vorstellen kann, nach ihrer Pensionierung aus Hessen wegzugehen, beschließen sie, in Peters Wohngegend ein hübsches kleines Haus mit Garten zu kaufen. Ein ausgefallenes, modernes Architektenhaus gefällt ihnen auf Anhieb besonders gut, und nach einigen kleineren Handwerkerarbeiten zieht Peter kurze Zeit später ein. Gudrun kommt nun regelmäßig am Wochenende zu Besuch. Sie hat inzwischen ihre Arbeitszeit auf vier Tage pro Woche reduziert und kann so fast die Hälfte der Zeit bei Peter im neuen Heim verbringen.

Ein Jahr lang richten beide mit viel Liebe fürs Detail das Haus ein, kaufen neue Möbel und lassen den Garten nach ihren Vorstellungen umgestalten. So schaffen sie sich nach und nach ein kleines exklusives Juwel – der Traum eines jeden Innenarchitekten.

Kurz vor Weihnachten ändert sich dann plötzlich etwas. An mehreren Wochenenden kann Gudrun nicht kommen, weil sie krank ist. Wenn sie dann doch einmal da ist, hat sie schlechte Laune – und an Sex ist sowieso gar nicht zu denken. Peter macht sich viele Gedanken und tut alles, was ihm in den Sinn kommt, um für Gudruns Wohlergehen zu sorgen. Als er sie schließlich auf ihre schlechte Stimmung und ihre häufigen Krankheiten anspricht, erklärt sie, dass sie bei der Arbeit so viel Stress hat und gar nicht mehr weiß, wo ihr der Kopf steht. »Nächsten Monat fahren wir ja in Urlaub«, vertröstet sie ihn, »da wird sich dann schon wieder alles einrenken.«

Doch Pustekuchen! Im Urlaub geht alles weiter wie zuvor: Einen Tag hat Gudrun Migräne, am nächsten ist ihr übel oder sie hat Durchfall …

Schließlich geht Peter in die Offensive. »Hast du mir irgendetwas zu sagen?«, fragt er Gudrun eines Morgens. Ihre Antwort kommt überraschend wie aus der Pistole geschossen: »Ja, das hier ist unser letzter gemeinsamer Urlaub.« – Peter ist erst einmal sprachlos.

Es stellt sich heraus, dass Gudrun Peter seit einigen Monaten mit einem anderen betrügt. Nach ihrer Aussage: Ein extrem charmanter, sehr wohlhabender türkischer Geschäftsmann, bei dem sie sich zum ersten Mal in ihrem Leben so richtig als Frau fühlen kann.

Peter ist über diese Nachricht so erschüttert, dass er überhaupt nicht weiß, wie er darauf reagieren soll. Er beschließt, Gudrun jetzt keine Szene zu machen, sondern lässt sie am Frühstückstisch sitzen und wandert stundenlang allein am Strand herum. Schließlich beruhigt er sich damit, dass das Ganze wahrscheinlich einfach eine kurze Bettgeschichte ist, die sich schneller wieder erledigt, als sie angefangen hat. Gudrun ist immerhin eine intelligente und selbstbewusste Frau, Peter kann sich nicht vorstellen, was sie auf die Dauer an so einem türkischen Macho finden sollte.

In merkwürdig distanziert-höflicher Stimmung verbringen Peter und Gudrun die letzte Urlaubswoche. Von keinem der beiden wird das »prekäre« Thema noch einmal erwähnt. Hin und wieder beobachtet Peter Gudrun dabei, wie sie SMS-Nachrichten verschickt – eine Tätigkeit, die sie früher immer gehasst hatte, jetzt scheint ihr die »lästige Tipperei« offenbar nichts mehr auszumachen. Peter versetzt das jedes Mal einen Stich ins Herz.

Nachdem sie dann wieder in München gelandet sind, nehmen die beiden sich ein Taxi zu ihrem gemeinsamen Haus. Dort fackelt Gudrun gar nicht lang. Sie legt ihren Schlüssel auf den Küchentisch und sagt: »Meine Sachen hole ich dann irgendwann ab.« Daraufhin macht sie auf dem Absatz kehrt und verschwindet buchstäblich aus Peters Leben.

Noch immer kann er einfach nicht glauben, was da in seinem Leben gerade passiert. Er steht vollkommen neben sich, erledigt seinen Job und alles andere nur noch mechanisch, hat keinen Appetit mehr und kann seit Wochen nicht mehr schlafen. Schließlich machen sein Bruder und seine Schwägerin sich solche Sorgen um ihn, dass sie ihn mehr oder weniger zwingen, sich professionelle Hilfe zu holen. Sie verfrachten ihn in ihr Auto und bringen ihn in meine Hamburger Praxis, wo sie vor dem Hauseingang warten, bis er wieder herauskommt. So geht es dann mehrere Wochen hintereinander.

Ich lege Peter mit Nachdruck nahe, zusätzlich zu den Gesprächen bei mir einen Psychiater aufzusuchen, der untersucht, ob womöglich eine unterstützende medikamentöse Therapie notwendig ist. So wie Peter aussieht, halte ich dies für sehr wahrscheinlich. Tatsächlich verschreibt der Arzt Peter ein leichtes Antidepressivum, mit dem er sich bald ein wenig besser und in der Lage fühlt, das Trauma dieser Trennung mit mir zusammen Stück für Stück aufzuarbeiten.

Nur zweimal telefoniert er in den folgenden Wochen mit Gudrun – das ist sehr ungewöhnlich, wenn Paare zuvor so lange zusammen waren. Bei einem dieser Telefonate teilt Gudrun Peter mit, dass sie festgestellt hat, ihre Wurzeln lägen doch im Ruhrgebiet. Sie habe sich einen endgültigen Umzug ins Haus nicht vorstellen können. »Ach und apropos Haus, das Haus kannst du übrigens behalten. Ich will von alldem nichts«, lässt sie ihn bei dieser Gelegenheit wissen. Demnächst werde sie dann auch ihren Kram abholen.

Auf mein Anraten hin schafft Peter nun sämtliche Sachen von Gudrun aus dem Haus in die Garage. In zwei Wochen werde er für ein paar Tage verreist sein, teilt er ihr mit, wenn er wiederkäme, erwarte er, dass das Zeug verschwunden sei.

Tatsächlich holt Gudrun in dieser Zeit alles ab. Als Peter wieder nach Hause kommt, weiß er, dass es mit ihr endgültig aus und vorbei ist …

Über eine gemeinsame Freundin hört er später, was Gudrun an dem anderen Mann offenbar so reizt. Nicht allein, dass er gutaussehend und sehr charmant ist, er legt ihr quasi auch die Welt zu Füßen, überhäuft sie mit Schmuck, Blumen und anderen Geschenken. Peter hätte nie vermutet, dass Gudrun so etwas imponieren würde, denn sowohl Peter als auch sie hatten nie die geringsten finanziellen Sorgen gehabt. Sie konnten sich ohnehin alles leisten, wonach ihnen der Sinn stand.

Doch was ihn am meisten verletzt, ist, dass Gudrun den Neuen als außerordentlich gepflegte Erscheinung preist. Er würde, so die Freundin, mindestens alle zwei Wochen zum Friseur gehen, legt größten Wert auf korrekte Kleidung, Rasur, Fingernägel usw. Peter selbst hatte sich immer als reinlich und gepflegt betrachtet. So wie ich ihn kennen gelernt habe, kann ich das nur bestätigen – doch Peters Selbstbewusstsein ist so sehr ins Wanken geraten, dass es größter rhetorischer Künste bedarf, ihn davon zu überzeugen, dass er mit seiner Selbstwahrnehmung ganz und gar richtig liegt.

Als die schlimmste Phase in Peters Leid dann vorüber ist, etwa nach einem halben Jahr, schicke ich ihn in einen Cluburlaub, damit er endlich mal wieder auf andere Gedanken und unter Leute kommt. Dort wird er nicht allein und weinend in seinem Hotelzimmer sitzen, sondern dreimal am Tag mit anderen Gästen gemeinsam die Mahlzeiten einnehmen. Bei so viel Gesellschaft kann man gar nicht umhin, sich auf den einen oder anderen Tischnachbarn ein wenig einzulassen.

Als er nach zwei Wochen wiederkommt, sehe ich gleich, wie gut ihm diese Auszeit getan hat. Er hat wieder ein bisschen Fleisch auf den Rippen, eine gesunde Gesichtsfarbe und auch die Schatten unter den Augen sind kaum noch da. Ich bin sehr optimistisch, dass Peter seinen Weg zurück ins Leben nun bald finden wird.

Meine Einschätzung zu dieser Geschichte

Das größte Problem, das ich in Peters und Gudruns Geschichte sehe, ist, dass sie eine Fernbeziehung geführt haben. Ich kenne kaum eine Beziehung, die so eine Konstellation über mehrere Jahre hinweg aushält, ohne dass man sich im Alltag entfremdet.

Sicher hat Gudrun selbst nicht vermutet, dass sie sich noch einmal in jemand anders verlieben würde, sonst hätte sie Peter wohl nicht nach zehn Jahren geheiratet. Aber die ewige Pendelei zwischen Arbeitsort und Wohnort des Partners stellt auch die stärkste Partnerschaft vor eine große Bewährungsprobe. Und abends, wenn man müde aus dem Büro kommt, ist eben doch niemand da, der einen mal in den Arm nimmt oder mit einem leckeren Essen verwöhnt. Das Telefon kann da einfach nicht mithalten.

Hinzu kommt, dass Gudrun offenbar eine Seite an sich entdeckt hat, die lange Zeit unterdrückt war. Sie wollte mehr »Dame« sein und wünschte sich, dass der Partner ihr dazu verhalf. Vielleicht hätte auch Peter ihr geben können, wonach sie sich sehnte, aber sie hat ihm gegenüber ihre Wünsche nie geäußert – und er hat nicht danach gefragt. Es ist die alte Geschichte: Oft versäumen Paare in langjährigen Partnerschaften es, wirklich in Kontakt miteinander zu bleiben und sich zu erzählen, was sie bewegt.

Peter hat sich jedenfalls geschworen, dass er – sollte er jemals eine neue Partnerin finden – sich nie wieder auf eine Fernbeziehung einlassen wird. Dabei bleibt für ihn einfach zu viel auf der Strecke.

Männern, die sich in einer ähnlichen Situation befinden wie Peter, rate ich:

- Wenn Sie als der Verlassene in der gemeinsamen Wohnung bleiben, schaffen Sie unbedingt die Sachen Ihrer Expartnerin aus dem Haus – je früher, desto besser! Ich weiß aus eigener Erfahrung, dass man sich bei Liebeskummer an jeden Strohhalm klammert und denkt, solange der andere noch Sachen bei mir hat, kommt er vielleicht doch noch zurück. Glauben Sie mir: Das ist eine Illusion! In 99 Prozent der Fälle holen Menschen ihre Sachen nicht ab, weil sie entweder Angst haben, dem Expartner über den Weg zu laufen, oder weil sie zu sehr mit der neuen Liebe beschäftigt sind.
- Wenn Ihr Zuhause für Sie zu eng mit der Partnerschaft und den gemeinsamen Jahren verbunden ist, sollten Sie sich ernsthaft überlegen, umzuziehen. Ein Umzug markiert oft auch den Beginn eines neuen Lebensabschnitts, und das könnte Ihnen guttun.
- Für viele Menschen ist es nach einer langen Partnerschaft sehr schwer, im Bekanntenkreis oder bei irgendwelchen Anlässen als Single aufzutreten, da sie vorher doch immer als Paar bekannt waren. Sie müssen lernen, dass Sie nun auf eigenen Füßen stehen. Wenn nötig, versuchen Sie, sich einen neuen Bekanntenkreis aufzubauen, der Sie nicht ständig an Ihre Paar-Vergangenheit erinnert.

— * —

Plötzlich ist sie weg!

»Mein Kind ist tot« – Peers Geschichte

Peer und Kim kennen sich aus der Schulzeit, hatten sich nach dem Abitur jedoch aus den Augen verloren. Durch Zufall treffen sie sich zwölf Jahre später auf einem Stadtfest wieder – beide sind für ein paar Tage in der alten Heimatstadt bei den Eltern zu Besuch. Schnell stellen sie fest, dass sie sich viel zu erzählen haben, und flüchten vor dem allgemeinen Volksfestrummel in eine nette kleine Bar abseits vom Geschehen.

Kim staunt nicht schlecht, als Peer ihr erzählt, dass er mittlerweile mehrere große Modefirmen führt, die auf unterschiedliche Sortimente und Zielgruppen spezialisiert sind. Sie hatte ihn nie als besonders ehrgeizig wahrgenommen, sondern eher als Hallodri, der nur eins im Kopf hat: Partys und Frauen! Sie erinnert sich noch genau daran, dass er damals zur Abiturzeit den Ruf hatte, alles »flachzulegen«, was nicht bei drei auf den Bäumen ist – und derselbe Peer soll nun ein ernsthafter, erfolgreicher Geschäftsmann sein?

Kim ihrerseits hat sich bisher mit verschiedensten Jobs durchs Leben geschlagen – mal arbeitete sie in einer Kunstgalerie, dann war sie Managerin einer mehr oder weniger erfolgreichen Band, danach organisierte sie Events für eine große Marketingagentur. Als Peer und sie sich wiedertreffen, ist sie gerade in einem Münchener Edelrestaurant angestellt, wo sie als Kellnerin anfing und inzwischen zur Assistentin des Geschäftsführers aufgestiegen ist. Eine Stellung fürs Leben sei das allerdings nicht, erwähnt sie Peer gegenüber.

Doch auch nachdem die beiden sich gegenseitig auf den neuesten Stand über ihre Lebensumstände gebracht haben, mangelt es ihnen nicht an weiteren Gesprächsthemen. Sie kommen vom Hölzchen aufs Stöckchen und scheinbar von einem Moment auf den anderen ist es plötzlich zwei Uhr nachts und der Wirt möchte langsam den Feierabend einläuten – seit Stunden sind Peer und Kim seine einzigen Gäste.

Der Abend endet mit einem langen romantischen Kuss und einer Verabredung für das nächste Wochenende in Köln, wo Peer seit seinem Studium lebt. Bereits wenige Wochen später ist für Peer klar, dass Kim die Frau ist, mit der er sein Leben verbringen möchte. Fast jedes Wochenende sehen die beiden sich nun, entweder in Köln oder in München.

Als sie etwa ein halbes Jahr zusammen sind, schlägt Peer vor, man könne doch mal einen richtig tollen Urlaub verbringen, zu dem er nicht nur Kim, sondern auch ihre Eltern einladen will, ebenso wie seine eigenen Eltern und seine Schwester samt Mann und Kind. Kim ist begeistert und ziemlich beeindruckt von Peers Großzügigkeit.

Den Urlaub verbringen die beiden Familien dann in einem hübschen, familiären Hotel im Elsass, wo sie viel wandern, schwimmen und kleinere Paddeltouren unternehmen. Der Urlaub ist ein Traum, alle verstehen sich blendend, abends beim Essen wird viel gelacht und schon mal Kims Umzug von München nach Köln geplant. – Allein Peers Vater hat bei der ganzen Sache ein komisches Gefühl, das er aber nur seiner Frau gegenüber erwähnt, um seinen Sohn nicht zu verunsichern, wie Peer viel später erfahren wird.

Beim Umzug, der dann tatsächlich drei Monate später über die Bühne geht, unterstützt Peers Vater das junge Paar, wo er nur kann. Er ist ebenfalls Unternehmer und hat einen großen Fuhrpark, sodass er mit einigem logistischen Geschick eine Tour seiner Leute so organisiert, dass sie nach dem Abladen der Ware in München gleich Kims Möbel einladen und sie zu Peer nach Köln bringen.

Kaum ist Kim dort richtig angekommen, lässt Peer seine Beziehungen spielen und vermittelt Kim einen fantastischen neuen Job: Sie kann die Leitung eines coolen Szenerestaurants übernehmen, das ein Bekannter von Peer kürzlich eröffnet hat.

Obwohl sie zunächst Bedenken hat, dass dieser Posten sie vollkommen überfordern könnte, arbeitet sie sich schnell ein und macht ihre Sache ausgesprochen gut. Auch lernt sie auf diese Weise bald eine Menge neuer Leute kennen, sodass sie sich zum Glück nicht einsam fühlen muss, wenn Peer wieder einmal auf einer seiner Geschäftsreisen in Asien ist, um die Produktion seiner Modesortimente zu kontrollieren.

Es läuft also alles rund für das Paar, und Peer ist fest davon überzeugt, dass nichts in der Welt sein Glück trüben könnte. Und tatsächlich – nur drei Monate später kommt es sogar noch besser: Kim geht zur Kontrolluntersuchung zur Frauenärztin, wo festgestellt wird, dass sie in der sechsten Woche schwanger ist. Sie ist vollkommen aus dem Häuschen, als sie nach Hause kommt und Peer die Neuigkeit berichtet. Zwar wisse sie auch nicht, wie das passieren konnte, aber sie sei überglücklich. Auch Peer tanzt vor Freude durch die Wohnung. Wie ein Wink des Schicksals kommt es beiden vor, dass die Frauenärztin ausgerechnet hat, das Kind müsse um den 3.3. gezeugt worden sein – und an diesem Datum zweifeln die beiden nicht, denn das war Peers Geburtstag, an dem Kim ihren Freund mit der Aussicht auf ein besonderes Vergnügen geweckt hatte …

Für Peer steht nun fest, dass es einige Vorkehrungen zu treffen gilt. Auf keinen Fall will er Kim in den ersten Monaten mit dem Baby zu Hause allein lassen. Deshalb befördert er zwei seiner Assistenten zu den Geschäftsführern seiner Firma und bereitet sie darauf vor, dass sie in einem guten halben Jahr eine Weile ohne ihn auskommen müssen.

Und natürlich will er auch die Besuche bei der Frauenärztin ab jetzt auf keinen Fall verpassen. Dort lässt er sich alles ganz genau erklären und ist aufgeregt wie ein kleiner Junge, als er auf dem Ultraschallgerät das winzige Pünktchen entdeckt, das einmal sein Sohn oder seine Tochter werden soll.

Der Familie und Freunden wollen die beiden zunächst noch nichts von dem Baby erzählen, denn immerhin besteht bis zum dritten Monat noch eine relativ große Gefahr, dass es zu einer Fehlgeburt kommen könnte. Allein bei dem Gedanken daran verspürt Peer Übelkeit in der Magengegend.

Unfassbar brutal ist dann der Aufprall, mit dem er fünf Wochen später auf die harte Realität trifft: Kim kommt abends nach Hause und stellt Peer vor vollendete Tatsachen. Sie habe sich entschieden, das Kind nicht auszutragen, und für den nächsten Morgen einen Abtreibungstermin vereinbart. Kein Wort hatte sie ihm gegenüber zuvor darüber fallengelassen. Peer ist fassungslos. Alle Versuche, Kim umzustimmen, bleiben ohne Erfolg, sie kann ihm noch nicht einmal erklären, warum sie sich zu diesem Schritt entschlossen hat. Peer weint die ganze Nacht und begleitet seine Freundin am nächsten Morgen zu dem Termin, wo er vollkommen neben sich steht und alles nur wie durch einen dichten Nebelschleier wahrnimmt. Zwei Tage später geht er noch einmal in die Praxis und fragt die Ärztin, ob Kim ihr etwas über ihre Beweggründe erzählt hätte, doch auch sie kann ihm nicht weiterhelfen. »Ich denke, sie hatte einfach Angst vor zu viel Nähe. Ich habe das bei schwangeren Frauen schon oft erlebt«, versucht sie ihn zu trösten.

Die Monate nach der Abtreibung sind ein einziger Alptraum. Ein Streit folgt auf den nächsten – nicht zuletzt, weil Peer nun jedes Wort von Kim auf die Goldwaage legt. Er kann einfach nicht verstehen, wie sie – und noch dazu, ohne es mit ihm zu besprechen – die Zukunft zerstören konnte, die er sich mit ihr und einem gemeinsamen Kind so sehr gewünscht hatte. Der Gedanke, der ihn Tag und Nacht verfolgt, lautet: »Mein Kind ist tot.«

Gleichzeitig ringt er um die Liebe zu der Frau, die die Verantwortung dafür trägt. Zweimal zieht Kim in den folgenden anderthalb Jahren aus der gemeinsamen Wohnung aus und wieder ein. Peer leidet in dieser Zeit unter ständigen Magenschmerzen und nimmt fünf Kilo ab. Als sein Hausarzt schließlich ein Magengeschwür diagnostiziert, beschließt Peer, endlich einen Schlussstrich unter die Beziehung zu setzen. Er trennt sich von Kim und bittet sie, sich eine eigene Wohnung zu suchen. Obwohl es ihm so schlecht geht, hat er sogar noch Schuldgefühle, dass er Kim verlässt und sie vor die Tür setzt. Er bietet ihr jede Hilfe an, damit die Wohnungssuche und der Umzug für sie mit möglichst wenig Aufwand verbunden sind.

Keine vier Wochen nach ihrem Auszug erfährt Peer dann von einer gemeinsamen Freundin, dass Kim bereits wieder liiert ist … Jetzt weiß er auch, warum sie in den letzten zwei Monaten so geheimnistuerisch mit ihren Verabredungen und ihrem Handy war. Auch dass sie überhaupt nicht auf seinen Vorschlag für einen Urlaub eingegangen war, den er ihr vier Wochen vor der Trennung gemacht hatte, scheint im Nachhinein ganz in das neue Bild zu passen, das er inzwischen von Kim hat.

Ich habe in meiner Praxis selten einen Mann gesehen, der seelisch so am Ende war wie Peer. Gleich nach unserem ersten Termin schicke ich ihn zu einem Psychotherapeuten, damit er dort langfristig professionelle Hilfe bekommt. Besonders erschüttert bin ich, als er mir erzählt, dass er bisher absolut niemandem ein einziges Wort über die ganze Geschichte mit der Schwangerschaft und der Abtreibung gesagt hat. Obwohl seine Familie und sein bester Freund ihn mehrfach auf seine offensichtliche Krise angesprochen hatten, hat er beständig geschwiegen. »Ich hätte vollkommen die Fassung verloren, wenn ich darüber gesprochen hätte«, erzählt er mir. »Davor hatte ich einfach Angst. Ich hatte das Gefühl, noch ein Stück weit die Kontrolle zu behalten, wenn ich die Sache mit mir selbst ausmache.«

Als er in meine Praxis kommt, liegt die Trennung von Kim schon fast ein Jahr hinter ihm – und noch immer leidet er still und heimlich unter der Abtreibung. Besonders sein Geburtstag ist für ihn nun ein Datum, das er am liebsten aus dem Kalender streichen würde, denn es wird für ihn immer mit dem Zeugungstag des Kindes verbunden sein, das nie zur Welt kam.

Kim hat er in der ganzen Zeit seit ihrem Auszug kein einziges Mal wiedergetroffen. Erst nachdem er schon mehrere Male bei mir in der Praxis war, erzählt er mir von einer zufälligen Begegnung und ist stolz, dass er immerhin in der Lage war, sie zu grüßen.

In seinem Alltag versucht Peer, normal zu funktionieren. Er geht ins Büro, plant seine Geschäftsreisen, sieht regelmäßig seine Familie und hat sogar wieder eine Freundin. »Sie ist wirklich lieb, es gibt überhaupt nichts Schlechtes, was ich über sie sagen könnte«, vertraut er mir an, »aber ich fürchte, die Frau fürs Leben ist sie nicht.«

Meine Einschätzung zu dieser Geschichte

Peers Geschichte ist keine typische Liebeskummergeschichte, denn die Trauer um das abgetriebene Baby beschäftigt ihn viel stärker als die Trauer um die gescheiterte Beziehung. Dennoch verhält er sich nach der Abtreibung in genau der gleichen Weise, wie es viele Männer tun, wenn sie verlassen werden: Er reagiert nur noch, tut quasi mechanisch alles, was von ihm erwartet wird, und fühlt sich innerlich wie betäubt.

Doch die Art und Weise, wie Peer über seine neue Freundin spricht, zeigt mir deutlich, dass er auch über die gescheiterte Beziehung mit Kim noch immer nicht hinweg ist. Viele Männer empfinden das Alleinsein als extrem qualvoll. Sie gehen deshalb häufig trotz Liebeskummer neue Beziehungen ein, ohne emotional ganz bei der Sache bzw. der neuen Partnerin zu sein. Ich halte das übrigens für keine gute Idee. Die Trauer und der Frust holen diese Männer am Ende doch wieder ein. Auch der neuen Partnerin gegenüber ist es nicht fair, denn in der Regel spielen die Männer hier ja nicht mit offenen Karten, sondern versprechen der Neuen das Blaue vom Himmel.

Männern, die sich in einer ähnlichen Situation befinden wie Peer, rate ich:

- Wenn Sie von einer vergangenen Beziehung in einer ähnlichen Weise traumatisiert sind wie Peer, sollten Sie unbedingt einen Therapeuten aufsuchen, der Ihnen hilft, das Erlebte aufzuarbeiten und aufzulösen. Es ist auch ganz normal, dass nach einer so schweren Enttäuschung erst einmal viel Zeit ins Land gehen muss, damit Sie wieder Vertrauen zu sich selbst und später zu einer neuen Partnerin aufbauen können.
- Kommen Sie unbedingt aus der Opferrolle heraus. Viele Männer fragen sich nach einer Trennungserfahrung: Wie blöd konnte ich überhaupt sein, mich in dieser Frau so zu täuschen? – Glauben Sie mir: Sie waren nicht blöd. Sie haben einfach einen Menschen geliebt, der sich dann für einen anderen Weg entschieden hat. Das ist alles.
- »Überbrücken« Sie die schwere Zeit gerade mit einer Partnerin, die Sie nicht wirklich lieben, dann erwähnen Sie ihr gegenüber um Gottes Willen nicht, dass Sie sich eine Familie wünschen. Denn was würde passieren, wenn Ihre Freundin schwanger wird? Sie müssten dann in einer buchstäblich halbherzigen Beziehung verharren – oder sich von Ihrer schwangeren Freundin trennen, die dachte, Sie wünschen sich ein Kind. Beides keine verlockenden Alternativen, oder?

— * —

»Es ist ein Schmerz, der die Seele auffrisst und den Körper zermartert« – Finns Geschichte

Mit Finns Geschichte erhalten Sie quasi einen »aktuellen Report« aus den tiefsten Tiefen des Liebeskummers. Wenn Sie selbst ein Mann mit Liebeskummer sind, werden Sie sich sicher in der einen oder anderen Formulierung wiederfinden, und vielleicht tut es Ihnen gut, zu wissen, dass das, was Sie jetzt fühlen, nur allzu menschlich ist. Es ist eine Erfahrung, die viele Menschen in ähnlicher Weise machen. Finn hat sich bereit erklärt, seinen akuten Liebeskummer-Zustand in seinen eigenen Worten für Sie aufzuschreiben:

»Ich sitze hier knietief in meinem Blut und es hört nicht auf, aus meinem Herzen zu strömen. Mein Herz ist mehrfach durchbohrt, zerrissen. Ein Schmerz, der mir die Sinne raubt und mich betäubt. Alles dreht sich. Immer und immer wieder kreisen meine Gedanken unaufhörlich nur um sie – um meine Freundin, die mich verließ.

Frau Fauck hat mich ermutigt, meine Geschichte zu erzählen. Die Wahrheit über mich, mein Befinden, den Verlauf des Verlustes eines so sehr und zutiefst geliebten Menschen, einer Frau mit einem strahlenden Inneren und Äußeren, meines besten Freundes und meiner Geliebten.

Wie kam es zu alldem?

Unsere Beziehung bestand seit mehr als sieben Jahren. Zwischen uns war es nie einfach gewesen, aber es verband uns eine tiefe Liebe, die bisher überstand. Zunächst standen uns menschliche ›Altlasten‹ und später meine Selbstständigkeit immer wieder im Wege. Wir hatten auf beiden Seiten mit Vertrauensverlust zu kämpfen. Dennoch, für uns beide war es immer – und gerade auch in schwierigen Zeiten – DIE große Liebe. Nichts Vergleichbares hatten wir jemals zuvor erlebt.

Dann kam Ostern 2008. Ich hatte ihr versprochen, dass wir die Feiertage zusammen verbringen würden und garantiert nichts dazwischenkommen sollte. Doch plötzlich, am Samstagabend vor

Ostern, kam der Anruf von einem ehemaligen Vorstandsvorsitzenden eines großen Investmenthauses, der mich bat, in den nächsten verfügbaren Flieger zu steigen und am Ostersonntag nach New York zu kommen. Geschäftlich hing für mich von diesem Treffen sehr viel ab, ich konnte einfach nicht absagen.

Noch während des gemeinsamen Osterfrühstücks am Sonntag spürte ich ihre tiefe Liebe. Die Neuigkeit nahm sie eher ruhig hin. Sie hatte mich immer unterstützt, wo sie nur konnte, und tat es auch jetzt. Zwar sagte sie, dass es so nicht mehr weitergehen könne, trotzdem stand sie aber hinter mir.

Bis dahin hatten wir ein schönes Wochenende verbracht, uns mit Freunden getroffen und Spaß gehabt. Karfreitag, wir hatten erfüllenden, eher romantischen und innigen Sex, flüsterte sie mir noch leise in mein Ohr, dass sie ihre fruchtbaren Tage hätte. Vielleicht hatte es ja diesmal ›geklappt‹ ... Sie wollte unbedingt und so gern Kinder mit mir. Ich war gefühlsmäßig überwältigt. Bevor ich zum Flughafen losfuhr, gab ich ihr an der Wohnungstür noch einen zärtlichen und innigen Kuss und sagte: »Jeder Kuss sollte so sein, als wäre es der Letzte.« Als hätte ich es geahnt ... Dabei deutete nichts auf das hin, was Ostermontag dann passierte: Ich bekam eine SMS nach New York, dass ihre Entscheidung gegen mich gefallen sei. Aus – Ende – Schluss.

Zuvor hatten wir beide schon mal Schluss gemacht, das war also nichts Neues für uns. Vor knapp zwei Jahren hatte sie Christian kennen gelernt und kam mit ihm sofort nach der Trennung zusammen. Diesmal hieß er Jan.

Als ich dann Mittwoch aus New York zurückkam, hatte sie mir eine Nachricht hinterlassen, dass ich meine von ihr gepackten Sachen aus ihrer Wohnung abholen solle. Sie würde sich aber sehr freuen, wenn wir uns dann noch voneinander verabschieden könnten.

Zunächst sagte ich nein, auch aus Stolz und aus Selbstschutz. Auf ihr Drängen willigte ich aber schließlich ein, auch um ihr einen Gefallen zu tun und zu versuchen, sie umzustimmen. Ich hätte es sein lassen sollen!

Am Samstag darauf wollte ich dann noch einmal per Telefon ein klärendes Gespräch mit ihr führen, das jedoch vollkommen eskalierte. Sie beschimpfte und beleidigte mich, sie schrie mich in einer noch nie dagewesenen aggressiven Art und Weise an und legte schließlich auf. Ich habe seitdem, es sind gut sechs Wochen vergangen, nichts mehr von ihr gehört. Sie reagiert auch auf die vier SMS nicht, die ich ihr danach geschrieben habe.

Seitdem bin ich absolut ohnmächtig. Kann nichts tun. Ich bin ein Gefangener meiner selbst. Ich sitze gefesselt in einer Achterbahn und kann nicht aussteigen, ich sitze nicht am Steuer meines eigenen Lebens. Morgens bleibe ich am liebsten im Bett, mag den Tag nicht beginnen. Auf der anderen Seite bin ich rastlos, muss aus einem inneren Drang heraus alles versuchen, um an Informationen heranzukommen: Was macht sie, wo steht sie, liebt sie mich noch? Jede kleinste Information scheint mir in dem Wirrwarr an Puzzleteilen zu helfen. Ich versuche dann alles Stück für Stück zusammenzusetzen, um für mich zu einem Gesamtbild zu kommen.

Alles dreht sich um sie, um die Vergangenheit, all die schönen Dinge, die wir erlebt haben, aber auch um die Fehler, die ich gemacht habe. Es ist ein Schmerz, der die Seele auffrisst, den Körper zermartert – ich habe in kurzer Zeit sieben Kilo abgenommen. Seither habe ich Herz-Rhythmus-Störungen, wache jede Nacht gegen 3:30 Uhr auf und kann dann nur sehr schwer und manchmal gar nicht wieder einschlafen.

Was plagt mich genau? Klar, ich will sie unbedingt wiederhaben. Das ganz sicher. Aus tiefer Liebe. Ich kenne auch ihre Fehler, aber meine Liebe ist größer als das. Was sie mir auch angetan hat – ich kann verzeihen.

Natürlich spielt die Zurückweisung eine Rolle, mein Ego ist angekratzt und mein Selbstvertrauen schwindet. Klar, ich bin ein Kämpfertyp, der nicht verlieren will, das stimmt auch. Aber über allem steht meine tiefe Liebe zu ihr. Eine Liebe, von der ich überzeugt bin, dass sie auch dies überstehen wird. Wir wollten Kinder, eine Familie, ich wollte sie heiraten. Alles schien in meinem Job erfolgreich zu laufen. Ich hatte für uns eine große Altbauwohnung in bester Lage gekauft. Nur eine Woche später hätten wir einziehen können. Eine verdammte Woche …

Noch am Ostersonntag schickte sie mir auf dem Weg zum Flughafen eine SMS: ›Lieber Finn, ich liebe dich nach wie vor und möchte, dass du das weißt. Bitte mach dein Ding und mach es gut. Wir werden eine Lösung finden … Bitte verzeih, dass ich so kalt war. Kuss, Katja‹

Eins steht für mich fest: Sie hatte schon lange von meinem Job, meiner Spontanität, der Unplanbarkeit, meiner Unzuverlässigkeit, der schlechten Erreichbarkeit genug gehabt. Dennoch stand sie in all den Jahren, die teilweise finanziell sehr schwierig waren, immer hinter mir und hatte mich so sehr, tief und innig geliebt. Bis es nun genug war.

Ich habe das Gefühl, dass ich aus dieser Situation nicht herauskomme. Es muss sich etwas verändern. Ich muss mich verändern. Ich falle und falle und falle ins Bodenlose. Der Fall an sich ist nicht das Problem. Aber wehe, wenn ich aufschlage … Der Schmerz ist nach wie vor da. Und Wut, auch und gerade gegen mich selbst und meine Fehler, macht sich breit. Alles dreht sich nur um sie. Ich bin zu sehr auf sie fokussiert, das merke ich. Alles andere ist Nebensache, spielt absolut keine Rolle mehr. Mein Job wird in sträflicher Weise vernachlässigt. Mein Leben, meine Kraft, meine Gedanken, alle Hoffnungen, mein ganzes Ich – nur für sie.«

Meine Einschätzung zu dieser Geschichte

Zum einen zeigt diese Geschichte, wie sehr ein Mann unter Liebeskummer leiden kann. Man darf aber auch nicht vergessen, dass man als Berater oder als Freund immer nur die eine Seite der Story hört. Sicher wäre es hier besonders interessant zu erfahren, was Katja zu erzählen hätte. Denn ihr Verhalten ist in dieser Geschichte besonders ungewöhnlich. Dass eine vermeintlich liebende Frau sich trennt und gleich zweimal einen neuen Mann »für's Bett« parat hat, habe ich in sieben Jahren Praxiserfahrung noch nie erlebt.

Hierfür gibt es zwei Erklärungsmöglichkeiten: Finn hat selbst beschrieben, dass die beiden in ihrer Beziehung immer und immer wieder mit denselben Problemen gekämpft haben. Für Katja sind die neuen Beziehungen, in die sie sich jedes Mal stürzte, vielleicht eine Art Rettungsanker, um Finn – trotz der Liebe, die sie für ihn vielleicht noch fühlt – endlich loslassen zu können.

Die zweite und aus meiner Sicht wahrscheinlichere Variante lautet: Finn und Katja waren immerhin sieben Jahre lang zusammen. In dieser Zeit entwickelt man sich weiter, und vermutlich haben sich beide in unterschiedliche Richtungen entwickelt. Während Finn beruflich zum echten Überflieger wurde, verspürte Katja mehr und mehr eine Sehnsucht nach Ruhe, Regelmäßigkeit und Verlässlichkeit. Auch der Wunsch, eine Familie zu gründen, passt dazu. Dass sie all das mit Finn nicht haben konnte, führte leider auch dazu, dass nach und nach die Liebe weniger wurde. Und irgendwann ist man an dem Punkt, einfach Schluss zu machen.

Finn denkt hingegen, alles läge nur an ihm und seinem Verhalten. Als sein persönlicher Coach glaube ich das übrigens nicht. Manchmal muss man einfach akzeptieren, dass die gemeinsame Zeit irgendwann auch einfach vorbei sein kann. Mit seinen Selbstvorwürfen laviert Finn sich bloß in eine Opferrolle hinein, die ihn ganz sicher nicht aus seinem Leid herausbringen wird.

Männern, die sich in einer ähnlichen Situation befinden wie Finn, rate ich:

- Gehen Sie als allererstes zum Arzt, damit er Sie körperlich wieder ins Lot bringen kann. Sie brauchen jetzt Ruhe, wenigstens für einen begrenzten Zeitraum, und sei es mithilfe von Medikamenten.
- Halten Sie sich Ihrer Expartnerin gegenüber unbedingt zurück. Am besten, Sie nehmen mindestens drei Monate lang keinen Kontakt zu Ihrer Expartnerin auf. Finn neigt in seinem Leid zur Überreaktion. Er beschreibt selbst, dass er ständig auf der Jagd nach dem kleinsten Fitzelchen an Information über Katja ist. Das sollten Sie unbedingt vermeiden. Nur wenn Sie sich jetzt rar machen, hat Ihre Expartnerin überhaupt die Möglichkeit, Sie zu vermissen und Sehnsucht nach Ihnen zu entwickeln.
- Nutzen Sie die Trauerphase für sich und denken Sie darüber nach, wie Ihr Leben in Zukunft aussehen soll. Gönnen Sie sich Ruhe, träumen Sie getrost von besseren Zeiten; das mag Ihnen helfen, allmählich auch wieder positiv in die Welt zu schauen.

— * —

»Das Hochzeitskleid hing schon am Schrank« – Nicos Geschichte

Nico ist 28 Jahre alt und arbeitet als Tischler in einem Familienbetrieb mit acht Angestellten. Seine Freundin Alexa hatte er während seiner Ausbildung in der Berufsschule kennen gelernt, denn der Klassenraum für die Technischen Zeichner lag gleich neben dem für die Tischler. Beide sind zu diesem Zeitpunkt 18 Jahre alt.

Für Nico und Alexa ist es die erste richtig große Liebe, und nachdem sie beide ihre Ausbildung beendet haben, ziehen sie in eine gemeinsame Wohnung, die nur wenige Minuten von Alexas Elternhaus entfernt liegt. Nico, dessen Eltern früh bei einem Autounfall ums Leben kamen, findet bei Alexas Familie ein zweites Zuhause. Obwohl er ein sehr introvertierter, ruhiger Typ ist, versteht er sich mit ihren Eltern nach kurzer Zeit besser als Alexa selbst.

In den nächsten Jahren führen Nico und Alexa ein sehr ausgeglichenes Beziehungsleben, beide gehen ihrer Berufstätigkeit nach, treffen am Wochenende gemeinsame Freunde und gehen sonntags häufig zu Alexas Eltern oder zu den Familien ihrer beiden Schwestern zum Essen.

Hin und wieder sprechen sie darüber, eine eigene Familie zu gründen, beschließen aber immer wieder, damit noch zu warten. Zum einen wollen sie ihre Freiheit noch eine Weile genießen, zum anderen möchten sie noch ein bisschen Geld zurücklegen, damit sie sich möglichst bald ein kleines Häuschen oder eine Eigentumswohnung kaufen können.

Als sie die 25 überschritten haben, werden sie in ihrem Freundeskreis schließlich immer öfter zu Hochzeiten eingeladen, und bei diesen Gelegenheiten sieht Nico seine Freundin vor seinem inneren Auge auch schon in einem tollen weißen Kleid und eleganten Schuhen zum Traualtar schreiten. Für den Valentinstag 2006 schmiedet er dann einen Plan. Überall versteckt er kleine Hinweise, die Alexa im Laufe des Tages finden soll und die alle zusammen eine Frage ergeben: »Möchtest du mich heiraten?« – Ein

Buchstabe ist in einen Kuchen eingebacken, einen weiteren findet sie in einem Rosenstrauß auf dem Frühstückstisch, ein dritter ist mit Lippenstift an den Spiegel geschrieben, und irgendwie gelingt es ihm sogar, ein Überraschungsei so zu präparieren, dass es aussieht, wie gerade gekauft – und doch enthält es das von Nico liebevoll gedrechselte kleine Fragezeichen.

Alexa ist ganz gerührt von Nicos Kreativität. Für sie stand die Antwort auf diese Frage schon an dem Tag fest, an dem sie und Nico das erste Mal ausgegangen waren: Ja!

Für diesen Tag hat Nico einen Tisch in einem schicken Restaurant bestellt, wo sie einen wunderschönen Abend miteinander verbringen und eifrig Pläne für die Hochzeitsfeier schmieden. Das Datum für den Tag X legen sie für Ende August fest, und beide sind sich einig: Sie wollen das volle Programm. Kirchliche Trauung, weißes Kleid, großes Festessen, Live-Musik, Tanz und gleich am nächsten Morgen ab in die Flitterwochen.

Die folgenden Wochen vergehen wie im Flug. Nico kümmert sich um den Termin beim Standesamt und in der Kirche, sucht nach einer passenden und bezahlbaren Band und tüftelt mit einem befreundeten Grafiker an einer schönen Einladungskarte. Alexa kümmert sich um geeignete Räumlichkeiten, Menü, Tischdekoration und, und, und … Beide recherchieren gemeinsam nach einem schönen Urlaubsziel für die Flitterwochen und sondieren bei einem Einkaufsbummel schon mal die Lage in Sachen Frack und Hochzeitskleid.

Das alles geschieht noch unter strengster Geheimhaltung, erst an Pfingsten lassen sie Alexas Familie gegenüber die Bombe platzen, indem sie auf dem gedeckten Kaffeetisch für jeden eine Einladungskarte platzieren. Natürlich sind alle sofort begeistert und lassen sich von der Aufregung des jungen Paares anstecken. Ab sofort ist die ganze Familie in die Vorbereitungen involviert, es werden Gästelisten geschrieben und Sitzordnungen skizziert, noch einmal zieht Alexa mit Mutter und Schwestern los, um Hochzeitskleider anzuprobieren, und überhaupt gibt es bis zum großen Tag noch so vieles zu erledigen.

Indessen nimmt Alexas Vater Nico beiseite und beteuert, wie glücklich es ihn macht, dass Nico nun bald richtig zur Familie gehören wird. »Und sollte mal irgendetwas sein, Nico, wenn ihr Geld braucht oder wir sonst irgendetwas für euch tun können, dann kannst du dich jederzeit an mich wenden. Wir werden immer für euch da sein.«

Anfang August ist schließlich fast alles unter Dach und Fach, das Hochzeitskleid hängt im Schlafzimmer am Schrank, die Friseurtermine sind vereinbart und bis auf einige Kleinigkeiten könnten Nico und Alexa dem besagten Datum nun ganz gelassen entgegenblicken. Könnten. Hätte es da in den letzten Wochen nicht eine gewisse Veränderung in Alexas Verhalten gegeben, die Nico in all der Aufregung gar nicht bemerkt hat. Irgendwie ist sie in letzter Zeit fast überhaupt nicht mehr zu Hause, ständig hat sie Verabredungen mit Freundinnen, und auch wenn er sie dann morgens vor dem Aufstehen noch einmal zärtlich an sich ziehen will, wehrt sie das freundlich, aber bestimmt ab. Genau 18 Tage vor der kirchlichen Trauung wartet Alexa dann am frühen Abend schon darauf, dass Nico nach Hause kommt, und sagt gleich als erstes zu ihm: »Wir müssen reden.«

Nico ahnt zunächst nichts Böses, aber der Ton, den Alexa anschlägt, und das Gesicht, das sie dazu macht, lassen gleichwohl nichts Gutes vermuten. »Ich kann dich nicht heiraten, Nico«, platzt Alexa schließlich mit der Nachricht heraus. »Mir ist das alles zu viel, zu eng, und außerdem: Ich habe mich in meinen Arbeitskollegen Maik verliebt.«

Ich glaube, jeder kann sich vorstellen, wie es Nico nach dieser eiskalten Dusche geht. Die Emotionen zwischen ihm und Alexa schlagen in den nächsten Stunden hohe Wogen. Von Ungläubigkeit über Wut, Verzweiflung und Trauer bis hin zu Depression und Zynismus durchlebt er ein breites Spektrum menschlicher Gefühlszustände, bis er schließlich morgens um fünf Uhr vollkommen erschöpft auf dem Wohnzimmerfußboden zusammensackt. Am nächsten Morgen ruft er in seiner Firma an und meldet sich krank. Als Alexa zur Arbeit gegangen ist, legt er sich ins Bett und starrt den Rest des Tages die Decke an. Erst als es schon wieder dunkel wird, merkt er, dass Alexa gar nicht von der Arbeit nach Hause kommt. Am Schrank hängt noch immer seiden glänzend das weiße Hochzeitskleid.

Gegen halb zwölf nachts erhält er dann eine SMS von Alexa: Sie würde die nächsten zwei Tage bei ihren Eltern wohnen und sich um die Absage der Hochzeit kümmern. Sie meint es also ernst, denkt Nico, es ist kein schrecklicher Alptraum, aus dem ich gleich erwachen werde.

Nach weiteren 48 Stunden ist Nico immerhin in der Lage, einen Freund anzurufen und ihm kurz seine Situation zu schildern. Sofort bietet der an, dass Nico ein paar Wochen bei ihm wohnen kann. Also rafft Nico ein paar Sachen zusammen und macht sich auf zu seinem Freund Jonas. Dort schaltet er auch sein Handy zum ersten Mal seit dem Gespräch mit Alexa wieder an und hat 13 Anrufmeldungen von ihren Eltern, ihren Schwestern und einigen Freunden, die offenbar mittlerweile von der Absage der Hochzeit erfahren haben. Doch er hat nicht die Kraft, sich bei irgendjemandem zurückzumelden.

Am nächsten Montag schleppt Nico sich dann schließlich wieder zur Arbeit – und an den entsetzten Gesichtern des Chefs, seiner Frau und den Kollegen erkennt er gleich: Er muss einfach furchtbar aussehen, und es hat keinen Sinn, um den heißen Brei herumzureden. Also fasst er sich kurz: »Alexa hat die Hochzeit abgesagt und sich von mir getrennt.« Und schon fließen die Tränen, und Nico stürzt zur Toilette, um seine Fassung wiederzugewinnen. Nach zwanzig Minuten folgt ihm sein Chef und ruft herein: »Komm doch gleich mal in mein Büro, Nico.«

Dort erklärt er ihm, er solle erstmal wieder nach Hause gehen, in seinem Zustand könne er ja unmöglich arbeiten. »Erhol dich und komm nächste Woche wieder, dann sehen wir weiter.«

Also fährt Nico zurück in die Wohnung seines Freundes, verkriecht sich im Bett und wartet, dass die Zeit vergeht.

Als dann am Nachmittag wieder sein Handy klingelt, fasst er sich ein Herz und geht ran. Es ist Alexas Mutter, die hören will, wie es ihm geht. »Es tut uns allen so leid, Nico, du weißt, wie sehr wir alle uns auf die Hochzeit gefreut haben und darauf, dass du unser Schwiegersohn wirst.« – Und wieder kann Nico die Tränen nicht zurückhalten, doch diesmal lässt er ihnen freien Lauf. Auf das Drängen von Alexas Mutter hin sagt Nico ihr schließlich die Adresse des Freundes, bei dem er wohnt, und eine halbe Stunde später steht sie vor der Tür. Stundenlang sitzen die beiden dann zusammen auf dem Sofa, während Nico weint und die Fast-Schwiegermutter ihm fürsorglich den Rücken streichelt. Manchmal herrschen lange Minuten des Schweigens, dann wechseln sie wieder ein paar Worte, dann folgt wieder eine lange Zeit der Stille.

»Du kannst uns jederzeit anrufen, wenn du etwas brauchst«, sagt Alexas Mutter zum Abschied. »Für uns gehörst du trotzdem zur Familie.« Das rührt Nico zwar sehr, aber es fühlt sich für ihn auch an wie ein zusätzlicher Stich in die offene Wunde.

Die nächsten Wochen meistert Nico mehr schlecht als recht, mehrfach versucht er, wieder zur Arbeit zu gehen, aber an den meisten Tagen schickt die Frau des Chefs ihn wieder nach Hause. Manchmal sitzt er auch nur irgendwo in der Werkstatt und schaut den anderen beim Arbeiten zu, weil er nicht in die Stille der Wohnung zurück möchte und es im Grunde egal ist, ob er hier oder dort Löcher in die Luft starrt. Am Tag, an dem die Hochzeit stattfinden sollte, beginnt er schon morgens damit, sich zu betrinken, und bereits am frühen Nachmittag schläft er im Vollrausch ein.

Immer schlimmer werden die Nackenverspannungen, mit denen er schon seit einigen Jahren zu kämpfen hat, und oft wacht er jetzt morgens mit Zahnschmerzen auf, die der Zahnarzt auf nächtliches Beißen und Knirschen zurückführt. »Sie sollten sich mehr bewegen und sich entspannen«, rät der Zahnarzt. Nico nickt, ohne dass die Botschaft ihn wirklich erreicht.

Von Alexa erhält er in dieser Zeit drei Briefe, in denen sie immer wieder beteuert, wie leid ihr alles täte und dass sie ihn auf keinen Fall habe verletzten wollen. Nico verbrennt sie, sofort nachdem er sie gelesen hat, und meldet sich nicht bei ihr. All dieses Gerede hat für ihn einfach keinen Wert mehr. Sein Vertrauen ist restlos zerstört.

Etwa vier Monate nach der Trennung erhält Nico, der sich inzwischen eine eigene Wohnung gesucht hat, wieder mal einen der regelmäßigen Anrufe von Alexas Eltern. Sie hätten im Fernsehen etwas über eine Praxis für Liebeskummer-Kranke gesehen und meinten, das sei für Nico vielleicht eine gute Adresse. »Wir machen uns solche Sorgen um dich, tu uns doch den Gefallen und geh wenigstens einmal hin. Wenn es nichts für dich ist, musst du ja nicht weitermachen.« Obwohl Nico gar nicht der Schwiegersohn ist, verhält er sich wie einer und ruft mich am nächsten Tag an. Kurz darauf steht das »Häufchen Elend« in meiner Praxis.

Nico erzählt mir die ganze Geschichte, und ich bestätige ihm, dass er bis jetzt vieles richtig gemacht hat: Er hat sich sofort räumlich von Alexa getrennt und den Kontakt zu ihr abgebrochen, er hat bei der Arbeit von seinem Liebeskummer erzählt und sich nun auch professionelle Hilfe geholt. Die besten Voraussetzungen dafür, dass es langsam wieder bergauf gehen kann.

Schnell entwickelt sich zwischen uns ein vertrauensvolles Verhältnis und wir können mit der intensiven Arbeit beginnen, die Nico Schritt für Schritt wieder ins Leben zurückführt. Er braucht lange, bis er die Trauerphase überwunden hat, und wir arbeiten heraus, dass es dabei auch um die Verarbeitung des Verlusts der Eltern geht, die er – ebenso wie jetzt Alexa – von einem Moment auf den anderen verloren hat. Immer wieder spricht Nico darüber, dass er das Vertrauen in die Menschen, in das Gute im Menschen so vollkommen verloren hat. Obwohl er rational weiß, wie viel Mitgefühl, wie viel Gutes ihm von seinem Chef und dessen Frau, von Alexas Eltern und von zwei, drei Freunden entgegengebracht wird, kommt alles nur wie durch Watte bei ihm an. Noch immer fühlt er sich innerlich wie betäubt und kann sich nicht vorstellen, dass dieser Zustand sich jemals wieder ändern wird. Eine neue Beziehung könne er sich überhaupt nicht vorstellen, sagt er. Lieber bleibe er für den Rest seines Lebens allein, als das Risiko einzugehen, diese Hölle noch einmal zu durchleben. »Letztlich wiegt das Schöne an einer Liebesbeziehung das Negative einfach nicht auf«, konstatiert er bitter.

Doch nach vielen Sitzungen in meiner Praxis sehe ich Nico hin und wieder einmal lächeln, hier und da entschlüpft ihm sogar ein Scherz, und endlich ist er soweit, sich wieder auf seine Arbeit zu konzentrieren und sich an der einen oder anderen Aktivität mit seinen Freunden zu beteiligen.

Ein neuer Tiefpunkt kommt noch einmal, als sich das anvisierte Hochzeitsdatum zum ersten Mal jährt, doch diesmal findet Nico sehr viel schneller wieder aus dem Tal heraus. Dann endlich hat er nach einigen weiteren Wochen das Gefühl, dass sein Leben sich soweit stabilisiert hat, dass er ohne meine Hilfe auskommen kann.

Ganz kurz vor Redaktionsschluss für dieses Buch erhielt ich von ihm ein Foto per E-Mail. Es zeigt ihn und seine neue Freundin, mit der er seit wenigen Wochen zusammen ist. Sie ist eine junge Designerin, nach deren Entwürfen die Tischlerei seit einiger Zeit eine Möbelserie fertigt.

»Liebe Frau Fauck, als ich vor fast anderthalb Jahren das erste Mal zu Ihnen gekommen bin, hätte ich nie gedacht, dass es mir noch einmal so gut gehen könnte wie heute. Für Ihre Hilfe möchte ich Ihnen von Herzen danken«, schreibt er in der E-Mail. »Sophie und ich sind superglücklich miteinander – sie musste mir aber versprechen, dass wir niemals heiraten werden. ;-)«

Meine Einschätzung zu dieser Geschichte

So schockierend es ist, kurz vor der Hochzeit auf diese brutale Weise sitzen gelassen zu werden – es kommt gar nicht so selten vor. Wer hat vor der eigenen Hochzeit nicht wenigstens einen Moment des Zweifels gespürt, der glücklicherweise dann wieder vergangen ist. Bei manchen Menschen vergeht dieser Zweifel jedoch nicht, sondern wächst und wächst. Und es gibt viele Paare, die es nicht schaffen, gerade über solche heiklen Gefühle rechtzeitig und offen zu sprechen. Dass Alexa sich einen neuen Freund gesucht hat, war sicher »nur« Ausdruck dieses Zweifels, der in ihr immer größer wurde. Die beiden waren zusammen, seit sie 18 waren. Alexa hatte vermutlich Angst, ihr Leben sei nach der Hochzeit womöglich »vorbei«, und so hat sie schließlich die Notbremse gezogen.

Für Nico hingegen wiederholt sich mit der Trennung genau die Struktur, die er schon einmal so schmerzlich durchleben musste. Der Verlust der Freundin ist für ihn, der schon die Eltern so plötzlich verlor, das Schlimmste, was ihm widerfahren konnte. Sicher ist auch das ein Grund dafür, dass er so lange und so schwer unter der Trennung gelitten hat. Umso mehr hoffe ich für ihn, dass er mit seiner neuen Liebe glücklich wird.

Männern, die sich in einer ähnlichen Situation befinden wie Nico, rate ich:

- Auch wenn der Schmerz noch so groß ist und Sie in Gedanken bereits 50 Todesarten durchleben, sollten Sie ganz fest daran glauben, dass das Leid irgendwann wieder weniger wird. Es wird nach und nach aufwärts gehen. Glauben Sie an sich und an das Leben.
- Wenn Sie ein einigermaßen gutes Verhältnis zu Ihrem Vorgesetzten haben, machen Sie es wie Nico und sprechen Sie mit Ihrem Chef über ihre private Situation. Er kann Ihnen nur Verständnis entgegenbringen, wenn Sie ihm die Chance geben, Sie zu verstehen. Trotzdem sollten Sie versuchen, Ihren Job nicht zu sehr zu vernachlässigen.
- Vertrauen Sie sich einem Arzt an und lassen Sie sich, falls nötig, ein paar Tage krankschreiben. Sie sollten jetzt versuchen, so gut wie möglich für sich zu sorgen. Belohnen Sie sich, wo es nur geht. Sie sind jetzt die Hauptperson!
- Verharren Sie nicht in der Opferrolle und versuchen Sie, Ihr Leben wieder selbst in die Hand zu nehmen. Gestalten Sie Ihre Wohnung um oder suchen Sie sich gegebenenfalls ein neues Zuhause. Wenn Sie es sich leisten können, fahren Sie in den Urlaub. Halten Sie Kontakt zu Ihren nächsten Freunden. Bauen Sie sich nach und nach einen neuen Freundeskreis auf.
- Geben Sie niemals auf!

Kurz, aber heftig

»Es hat einfach nicht gereicht« – Christians Geschichte

Christian kommt mit dieser Geschichte in meine Praxis: Er hat sich in eine junge Frau namens Ulrike verliebt, die er im Sportverein beim Volleyball kennen gelernt hatte. Am Anfang läuft zwischen den beiden alles super. Sie verstehen sich gut und unternehmen viel gemeinsam. Ulrike lebt zusammen mit ihrer Zwillingsschwester Susanne und deren Freund Dirk in einer WG. Auch zu den anderen beiden hat Christian auf Anhieb einen guten Draht.

Ulrike hält sich Christian gegenüber nicht zurück mit Äußerungen wie »Du bist meine große Liebe« und »So was wie mit dir habe ich noch nie erlebt. « Er schwebt daraufhin auf Wolke 7.

Nun hatten die beiden Schwestern und Dirk schon lange eine Urlaubsreise in die Karibik gebucht, die sie antreten, als Christian und Ulrike etwa seit zwei Monaten zusammen sind. So fährt Christian die drei also zum Flughafen, wo Ulrike Rotz und Wasser heult wegen der langen Trennung, die nun bevorsteht. Da hat Christian eine Idee. Er ruft heimlich Susanne an und fragt sie, was sie davon halten würde, wenn er einfach kurzfristig einen Flug bucht und hinterherkäme. Ob er Ulrike damit wohl auch eine Freude machen würde? Susanne ist sofort begeistert von der Idee und freut sich schon auf Ulrikes erstauntes Gesicht, wenn Christian plötzlich in ihrem Hotel auftaucht.

Tatsächlich gelingt die Überraschung. Ulrike freut sich, und drei Tage lang sind sie und Christian unzertrennlich, genießen die freie Zeit und haben ununterbrochen Sex miteinander.

Und dann – von einem Tag auf den anderen – verhält Ulrike sich nur noch merkwürdig. Tagsüber spricht sie mit Christian kaum noch ein Wort, nachts hingegen will sie aber immer wieder Sex mit ihm.

Christian ist vollkommen verunsichert. Einerseits fühlt er sich von ihr abgewiesen, andererseits scheint ihr ja etwas an ihm zu liegen, denn im Bett geht die Initiative meist von ihr aus. Tausend Fragen gehen ihm durch den Kopf: Bin ich vielleicht zu aufdringlich gewesen und ihr irgendwie zu nahe gekommen? Hätte ich doch nicht hinterherfahren sollen? Habe ich irgendwas Falsches gesagt? Ulrike entschuldigt sich indessen mit Magenproblemen und Durchfall, sie fühle sich einfach nicht gut.

Am Ende des Urlaubs fliegen die beiden Paare gemeinsam zurück nach Deutschland, und noch während des Fluges sagt Ulrike zu Christian: »Du, pass mal auf, wir fliegen jetzt nach Hause, und am Flughafen verabschieden wir uns, und dann will ich dich nicht mehr treffen. Die Sache mit uns ist durch.«

Christian ist vollkommen verzweifelt und befindet sich noch immer in diesem Zustand, als er in meiner Praxis steht. Ich rate ihm, sich zunächst einmal zurückzuziehen und Ulrike in Ruhe zu lassen. Oft meldet der Partner oder die Partnerin sich dann von ganz allein wieder. Doch Christian wartet vergeblich. Zwei- oder dreimal telefoniert er mit Susanne, um herauszufinden, was denn mit ihrer Schwester los sei. Er will wissen, was er falsch gemacht hat, dass Ulrike ihn so hat im Regen stehen lassen. Aber auch Susanne ist ratlos und hat keine Ahnung, was da schief gelaufen ist.

Gemeinsam überlegen wir uns dann, wie er Klarheit über die Situation gewinnen kann. Er könnte die Urlaubsfotos entwickeln lassen und Ulrike dann zu einem Treffen einladen, bei dem sie sich zusammen die Bilder anschauen. Ja, beschließen wir, das wäre eine gute Gelegenheit.

Tatsächlich sagt Ulrike zu, und die beiden treffen sich in einem Restaurant. Als Christian sie an diesem Abend noch einmal zur Rede stellt, sagt sie: »Ach, weißt du, an dir hat es gar nicht gelegen, aber ich hatte irgendwie doch keine Lust auf Beziehung. Zwischen uns hat es auch einfach nicht gereicht.«

Warum sie dann aber im Urlaub immer noch mit ihm geschlafen habe, will er wissen. »Na ja«, sagt sie, »der Sex mit dir war gut, und da wir schon mal so nebeneinander lagen, hab ich das noch mitgenommen.«

Nun weiß Christian überhaupt nicht mehr ein noch aus. Er fühlt sich verletzt und schlecht behandelt – und trotzdem vergeht er noch immer vor Sehnsucht nach Ulrike.

Kurze Zeit später bekommt er dann mit, dass Ulrike sich inzwischen mit einem anderen Mann trifft. Wahnsinnig vor Eifersucht fährt er nachts mit dem Fahrrad an ihrer Wohnung vorbei, um zu gucken, ob dort noch Licht ist. Er nutzt jede Gelegenheit, ihr irgendwo über den Weg zu laufen, legt sich einen neuen Haarschnitt zu und lässt auch sonst nichts unversucht, um ihre Aufmerksamkeit zu erlangen – aber alles ist vergebens.

Obwohl Christian einen sehr weiten Anfahrtsweg hat und als Selbstständiger um jede freie Minute kämpfen muss, kommt er noch lange regelmäßig in meine Praxis, um hier mit seiner Trauer fertig zu werden. Alles in allem war er mit Ulrike nicht einmal drei Monate lang zusammen war, trotzdem wirkt die Enttäuschung noch fast ein Jahr nach und stürzt ihn in größte Selbstzweifel. Lange traut er sich nicht mehr, überhaupt neue Kontakte zu Frauen zu knüpfen. Immer wieder trichtere ich ihm ein, dass mit ihm alles in Ordnung ist und er wirklich nichts falsch gemacht hat.

Eines Tages gibt er dann telefonisch Entwarnung: »Frau Fauck, ich habe jetzt wieder jemanden kennen gelernt. Ich wollte gern, dass Sie das wissen.« Tatsächlich fällt mir jetzt auch ein Stein vom Herzen, denn dieser junge, gutaussehende, sympathische Mann hat wirklich eine neue Liebe verdient.

Meine Einschätzung zu dieser Geschichte

Christian ist im Verlauf seiner Bekanntschaft mit Ulrike wirklich von ganz oben nach ganz unten abgestürzt, und zwar ohne Vorwarnung. Ich gebe zu, solche Klienten, zumal wenn sie so nett sind wie Christian, tun mir immer besonders leid. Es ist für jeden Menschen schwer zu verstehen und zu akzeptieren, dass bei dem geliebten Anderen das Gefühl einfach so verschwunden ist.

Zu Beginn unserer Sitzungen habe ich selbst noch geglaubt, dass Ulrike zu Christian zurückkehren wird. Oft ist es bei heftigen Liebesgeschichten so, dass einer der Partner sich von den Ereignissen und Gefühlen am Anfang dermaßen überrumpelt fühlt, dass er einen Moment zum Luftholen braucht, bevor er anschließend selbst wieder den Kontakt sucht. In diesem Fall war es nicht so. Alles was ich für Christian tun konnte, war, ihm beizustehen und ihn davon zu überzeugen, dass mit ihm alles in Ordnung ist.

Männern, die in einer ähnlichen Situation sind wie Christian, rate ich:

- Versuchen Sie, sich selbst nicht zu sehr in eine Opferrolle zu begeben. Sie wurden verlassen, das ist schlimm. Aber Menschen haben das Recht dazu, sich von ihrem Partner zu trennen. Gerade die ersten Wochen dienen in einer neuen Partnerschaft dazu, sich besser kennen zu lernen und zu prüfen, ob man zueinander passt. Ulrike hat in dieser Zeit festgestellt, dass Christian nicht der richtige Partner für sie ist. Nicht mehr und nicht weniger. Dass sie sich dann zwar trotzdem noch auf Sex mit Christian eingelassen hat, obwohl sie wusste, wie verliebt er in sie war, ist allerdings nicht besonders sensibel und auch nicht fair. Hier wurde die Würde des Mannes nicht geachtet.
- Dass Sie von einer Frau verlassen wurden, bedeutet nicht automatisch, dass Sie Ihrer Partnerin gegenüber einen Fehler gemacht haben oder dass irgendetwas mit Ihrer Persönlichkeit nicht stimmt. In den seltensten Fällen trifft diese Vermutung zu. Meistens ist es so, dass die Person, die jemanden verlassen hat, ihr eigenes Leben verändern will bzw. wie in dieser Geschichte frühzeitig merkt, dass sie sich langfristig keine Beziehung mit diesem Partner vorstellen kann. Oder die Frau hat einfach Angst vor Nähe und kann deshalb keine enge Beziehung zu einem Mann aufbauen.
- Fassen Sie den Mut, sich auf neue Kontakte einzulassen. Mit der nächsten Frau, die Sie kennen lernen, wird alles ganz anders verlaufen. Wer schon von vornherein denkt, dass er sowieso wieder enttäuscht wird, nimmt sich selbst die Chance, neues Glück in der Liebe zu finden.
- Beziehungen mit einem Zwilling haben in der Regel eine schwierige Ausgangsbasis, denn Zwillinge leben oft auch im Erwachsenenalter noch eng miteinander und füreinander. Für Dritte ist es dann schwer, zu einem Zwilling eine starke, eigenständige Beziehung aufzubauen.

— * —

Kurz, aber heftig

»Behalt unsere Zeit in guter Erinnerung« – Martins Geschichte

Martin lernt Julia im Urlaub auf den Malediven bei einem Segelkurs kennen. Beide sind vom ersten Moment an voneinander angezogen, und ihrem Glück steht absolut nichts im Wege. Martin ist Anfang 40 und seit zwei Jahren von seiner Frau geschieden, Julia ist Mitte 30 und ebenfalls seit längerer Zeit Single.

Wie Martin mir später erzählt, hat er in Julia eine Frau gefunden, bei der alles, aber auch wirklich alles perfekt passt: Beide sehen top aus, zumindest für Martin kann ich das bestätigen, Julia habe ich ja nicht kennen gelernt. Es stimmt altersmäßig, intellektuell passen sie zusammen, im Bett geht es super ab, sie haben den gleichen Geschmack beim Essen, den gleichen Stil – alles ist wunderbar.

Einziger kleiner Wermutstropfen: Martin lebt in Berlin, Julia in Zürich. So haben sie also nach dem Urlaub immer viele hundert Kilometer zu überbrücken, um sich zu sehen. Aber auch das sehen die beiden nicht als echtes Hindernis für ihre Liebe, immerhin verdienen beide gut, und durch die Billigfluglinien ist es relativ unproblematisch, sich mehrmals im Monat zu treffen. Da beide beruflich ohnehin relativ viel unterwegs sind, ergibt sich auch manchmal eine Möglichkeit, die Geschäftstermine so zu legen, dass man sich in München oder Frankfurt trifft und zumindest einen netten Abend und vielleicht sogar eine gemeinsame Nacht im Hotel zusammen verbringt. Und wenn manchmal nur Zeit für einen gemeinsamen Kaffee am Bahnhof bleibt, nehmen die beiden auch das als glückliche Gelegenheit, sich kurz zu sehen, zu küssen, die Stimme des anderen »in Natur« und nicht bloß am Telefon zu hören.

Das letzte Treffen der beiden, von dem Martin natürlich noch nicht ahnt, dass es das letzte sein wird, findet in München statt, wo sie gemeinsam den Abend und die Nacht verbringen. Noch beim Frühstück schwelgen beide im Glück, und für die Reise schenkt Julia Martin ein liebevoll eingepacktes Buch, von dem sie schon mehrfach erzählt hatte: »Die Kunst des Liebens« von Erich Fromm. Die Widmung, die sie hineingeschrieben hat, lautet: »Für den Mann, der mich diese Kunst gelehrt hat. Immer deine Julia.« Martin verschlingt es auf der Fahrt nach Berlin und unterstreicht immer wieder einzelne Sätze und Passagen, über die er beim nächsten Treffen mit Julia unbedingt sprechen will, weil er sich darin selbst sosehr wiederfindet.

Doch leider soll es dazu nicht mehr kommen. Noch während Martin zu Hause seinen Koffer auspackt, bekommt er von Julia eine SMS: »Lieber Martin, es tut mir leid, aber ich kann das alles nicht mehr. Ich bin nicht gut genug für dich, ich habe Angst, mich zu binden, und halte mich für beziehungsgestört. Wir hatten eine wundervolle Zeit miteinander – behalt sie in guter Erinnerung. J.«

Im ersten Moment denkt Martin, Julia wolle sich einen Scherz mit ihm erlauben. Im zweiten Moment kriecht die Angst in ihm herauf und schnürt ihm fast die Kehle zu. Dann gewinnt die Zuversicht wieder die Oberhand und Martin ist sich sicher, Julia in einem klärenden Gespräch zu überzeugen, dass ihre Bedenken vollkommen unbegründet sind. Also greift er zum Handy und ruft sie an. Das Gespräch nimmt jedoch einen vollkommen unerwarteten Verlauf, denn schließlich sagt Julia, der Hauptgrund für die Trennung sei, dass sie sich seit einigen Wochen ihrem Exfreund wieder annähere und es noch einmal mit ihm versuchen wolle.

In der folgenden Nacht geht Martin fast die Wände hoch vor Verzweiflung. Von diesem ominösen Exfreund hatte er in den zweieinhalb Monaten, die er und Julia sich nun kannten, so gut wie gar nichts gehört. Ja, erwähnt hatte sie mal einen Volker, mit dem sie ein Jahr lang zusammen gewesen war, aber die Geschichte schien für sie gar keine Bedeutung gehabt zu haben. Auch in ihrer Wohnung hatte er nie das kleinste Anzeichen für die Existenz eines »Nebenbuhlers« bemerkt: keine zweite Zahnbürste, kein verstaubter Rasierer, keine Schuhe oder sonstige Männerklamotten. Noch einmal geht er in Gedanken alle Räume ihrer Wohnung durch und kommt immer zu demselben Ergebnis: Da war nichts.

In den nächsten Tagen rasen die Gedanken nur so durch seinen Kopf, und auch das Blut scheint in ICE-Geschwindigkeit durch seine Adern zu fließen. Er hat Herzrasen und Schweißausbrüche und fühlt sie wie unter Drogen. Noch immer kann er nicht glauben, was Julia ihm da am Telefon erzählt hat. Alles war zwischen ihnen doch so perfekt, das muss sie doch auch fühlen. Sie hat es ihm doch auch selbst mehrfach gesagt.

Nach drei Tagen hält er es nicht mehr aus und steigt in den nächsten Flieger nach Zürich. Wenn sie sich nur gegenüberstehen, wenn Julia in seine Augen schauen wird und er in ihre, dann werden sie sich ganz gewiss wiederfinden. Dann wird sie auch wissen, dass sie einfach füreinander geschaffen sind. Doch auch dieser Versuch scheitert kläglich. Zwar willigt Julia, die er vor ihrer Wohnungstür abfängt, ein, mit ihm auf einen Kaffee ins nächstgelegene Lokal zu gehen, aber sie wiederholt immer nur, was sie ihm schon am Telefon gesagt hat. Sie wolle wieder mit ihrem Exfreund zusammen sein. Mit ihr und ihm, Martin, hätte es doch letztlich ohnehin nicht funktioniert. Allein die Entfernung wird doch auf lange Sicht sowieso zum Problem. Martin bietet ihr daraufhin sogar an, nach Zürich zu ziehen, aber Julia bleibt hart und verabschiedet sich dann mit den Worten: »Mach's gut. Vielleicht sieht man sich mal.«

Erst nach diesem Treffen schlägt der Schmerz so richtig zu. Nachdem Julia gegangen ist, sitzt Martin noch über eine Stunde im Café und weint, mit mitleidigen Blicken von der Kellnerin bedacht, die unaufgefordert einen doppelten Cognac bringt, den Martin dankbar runterstürzt. Nachdem er es irgendwie fertigbringt, seine Fassung wiederzugewinnen, nimmt er sich ein Taxi zum Flughafen und den nächsten Flieger nach Hause.

Wie mechanisch geht er in den nächsten Wochen seinem Job nach, trinkt jeden Abend mindestens eine Flasche Rotwein, die ihn irgendwie in den Schlaf bringt, und ernährt sich ansonsten hauptsächlich von Gummibärchen und Schokolade. Auch weil er keine Kraft hat, sich selbst etwas zu kochen und sich nicht in der Verfassung fühlt, zum Essen auszugehen.

Schließlich »schleift« Martins Schwester ihn förmlich in meine Praxis, wo zuerst ein Tränenstrom aus ihm herausbricht, der überhaupt nicht mehr versiegen will. Geschlagene neunzig Minuten sitzt Martin mir gegenüber und weint und weint. Er ist kaum in der Lage, einen verständlichen Satz herauszubringen, willigt aber am

Ende ein, einen neuen Termin mit mir zu vereinbaren, bei dem er mir dann schließlich die ganze Geschichte erzählt.

»Manchmal habe ich das Gefühl«, sagt er, »dass ich das Ganze nur geträumt habe. Vielleicht gibt es in Wirklichkeit gar keine Julia. Vielleicht hatte ich einfach einen sehr ausgedehnten Traum, und nun bin ich eben wieder wach.« – Ich weiß, dass es solche pathologischen Fälle tatsächlich gibt, aber bei Martin habe ich keinerlei Zweifel. Immerhin hatte ich zunächst mit seiner Schwester telefoniert, die Julia selbst einmal bei einem gemeinsamen Essen kennen gelernt hatte. Und dann gibt es da ja noch die vielen kleinen Geschenke, die sie ihm gemacht hat, das besagte Buch, eine Schirmmütze, die sie ihm auf den Malediven gekauft hatte, weil seine ihm auf dem Schiff weggeflogen war, eine benutzte Konzertkarte, die an seiner Pinnwand hängt und auf die sie ein Herz gemalt hat … All diese Dinge, die ihn täglich an ihre Existenz erinnern. Ich rate ihm, die Sachen alle zusammenzupacken und am besten ganz wegzuschmeißen oder sie zumindest in eine der hintersten Ecken seiner Wohnung zu verbannen.

Was Martin besonders zu schaffen macht, ist, dass Julia so vollständig den Kontakt abgebrochen hatte. Keine E-Mail, kein Anruf, um zu fragen, wie es ihm geht. Immerhin waren sie sich in den zwei, drei Monaten so nahe gekommen – da ist man einander doch nicht plötzlich vollkommen gleichgültig, selbst wenn man mit dem anderen nicht mehr zusammen sein möchte.

Als Martin kurz darauf geschäftlich nach Bangkok fliegt, rate ich ihm, Julia eine ganz unverbindliche SMS zu schreiben, quasi getarnt als Nachricht an den ganzen Freundeskreis: »Liebe Freunde, verbringe eine paar spannende Tage in Bangkok, denke an euch und grüße euch herzlich.« Diesen Ratschlag befolgt Martin brav, aber es kommt von Julia keinerlei Reaktion. Einige Zeit später versucht er es noch einmal mit einem netten, unverfänglichen Ostergruß an Julia persönlich – doch auch hier: nichts.

Über Pfingsten trifft Martin dann zufällig den Segellehrer wieder, der damals im Urlaub die Gruppe angeleitet hatte. »Mensch, Martin«, sagt der, »schön, dich zu sehen! Wie geht's dir? Hast du denn noch Kontakt zu Julia – ihr wart doch damals auf dem Schiff so ein bisschen enger …«

»Leider nein«, entgegnet Martin, »Julia ist ja jetzt wieder mit ihrem Exfreund zusammen.«

Doch da fällt der Segellehrer aus allen Wolken: »Was? Nee, nee, das kann nicht sein. Den Volker, den kenne ich. Das wüsste ich, wenn die wieder zusammen wären.«

Martin ist verwirrt, aber immerhin bestätigt in seiner Vermutung, dass es da gar keinen anderen Mann gab. Aber gleichzeitig hat er nun auch noch den letzten Anhaltspunkt dafür verloren, warum zum Teufel sich Julia von ihm getrennt hat.

Sein Liebeskummer dauert inzwischen nun schon mehr als doppelt so lange an wie die Beziehung überhaupt lief. Ich ertappe mich bei dem Gedanken: »Die waren nur zweieinhalb Monate zusammen, aber er leidet, als habe er eine 20-jährige Ehe hinter sich.« Und er leidet wirklich – denn mittlerweile kann ich gekränkte Eitelkeit sehr gut von echtem Liebeskummer unterscheiden.

Doch in Martins Fall muss ich zugeben: Ich weiß nun wirklich keinen Rat mehr für ihn. Das Einzige, was ich tun kann, ist, ihm zuzuhören und ihm immer wieder zu bestätigen, dass es nicht an ihm lag. Immerhin scheint das das Richtige zu sein, denn häufig beendet Martin unsere Gespräche mit dem Satz: »Es geht mir immer noch so schlecht, aber es tut gut, mit jemandem darüber zu sprechen, der mich ernst nimmt und versteht, wie sehr ich leide. Meine Freunde halten mich mittlerweile alle schon für verrückt, dass ich so einen Film von der Geschichte mache.«

Meine Einschätzung zu dieser Geschichte

Wie gesagt, Martin ist ein Klient, dem ich nur bedingt helfen kann. Gerade bei diesen so kurzen und heftigen Beziehungen, die dann wie eine Blase zerplatzen, ist es sehr schwer die Expartnerin zu verstehen oder Gründe zu finden, warum sie gegangen ist. Natürlich liegt es da nahe, den Fehler einzig und allein bei sich selbst zu suchen – das ist aber immer der falsche Weg! Mich haben sieben Jahre Praxis bei solchen Fällen nur eines gelehrt: Es gibt offenbar Liebesgeschichten, bei denen absolut alles zu stimmen scheint – aber eben nur für einen der beiden Partner. Der oder die andere stellte sich offenbar etwas ganz anderes vor, war aber nicht in der Lage, das auch zu formulieren.

Männern, die sich in einer ähnlichen Situation befinden wie Martin, rate ich:

- Suchen Sie die Schuld nicht bei sich selbst. Ihre Ex-Partnerin wollte wahrscheinlich einfach etwas Anderes als Sie selbst. Sie hat in einer frühen Phase der Beziehung festgestellt, dass Sie beide nicht zusammenpassen. Oder vielleicht hatte Julia mit ihrer Einschätzung sogar Recht: Womöglich hat sie so starke Bindungsängste, dass sie keine engen und verbindlichen Beziehungen zulassen kann. Bedenken Sie, dass die Anfangsphase in einer Beziehung ja schließlich dazu da ist, sich kennen zu lernen. Und da immer zwei Menschen daran beteiligt sind, kann es auch passieren, dass einer mehr liebt als der andere.
- Vertrauen Sie auf sich selbst und auf die Natur der menschlichen Psyche. Wenn Sie genug getrauert haben, geht es ganz von allein wieder bergauf. Nehmen Sie sich die Zeit, die Sie brauchen, Sie werden auch an dieser Erfahrung schließlich wachsen.
- Lenken Sie sich ab. Sie werden merken, dass die Lebensfreude dann Stück für Stück wiederkehrt.

Von Mann zu Mann

»Meine Liebe für dich ist einfach weg« – Toms Geschichte

Vier Jahre lang führte Tom mit seinem Freund Axel eine absolut harmonische Beziehung. Kennen gelernt hatten die beiden sich auf einem Christopher Street Day am Bierstand und sich sofort ineinander verguckt. Beide interessieren sich für Film und Theater, gleichzeitig haben sie auch jeweils eigene Interessen, die sie im Lauf der Beziehung nicht aufgeben: Während Axel ein leidenschaftlicher Schachspieler ist, jobbt Tom nebenbei als DJ in einem Berliner Szeneclub.

Von Anfang an ist zwischen ihnen klar: Sie wollen keine »Komm her, geh weg«-Spielchen, wie sie es aus vorherigen Beziehungen allzu gut kennen. Das Wir-Gefühl und gemeinsame Auftreten als Paar ist ihnen wichtig, gleichwohl wollen sie sich ihre Eigenständigkeit erhalten. Auch aus diesem Grunde ziehen sie nicht in eine gemeinsame Wohnung. Die Wochenenden sind aber für die Beziehung reserviert, und auch den Urlaub verbringen sie regelmäßig zusammen. Jedem, der es hören will, erzählt Tom, wie glücklich er mit Axel ist.

Doch dann, an einem Freitagabend im Mai, steht Axel nach der Arbeit bei Tom in der Wohnungstür und sagt: »Wir müssen reden.« Tom denkt im ersten Moment, Axel sei ernsthaft erkrankt oder Ähnliches, doch es kommt etwas ganz Anderes. Axel redet nicht lange um den heißen Brei herum, sondern platzt gleich mit der ganzen Wahrheit heraus: »Ich habe gemerkt, dass ich keine Gefühle mehr für dich habe, und deshalb will ich mich von dir trennen.«

Tom kennt Axel gut genug, um zu merken, dass dieser keine Scherze macht, sondern meint, was er sagt. Vier Stunden lang reden die beiden miteinander, und Tom versucht dahinter zu kommen, warum die Beziehung sich für Axel so entwickeln konnte. Der betont immer wieder, dass er Tom nicht verletzen wolle, aber gleichzeitig möchte er auch nicht mit ansehen, wie die Beziehung der beiden langsam, aber sicher zu einem »Brüderlein und Brüderlein«-Verhältnis degeneriert. Zumindest aus seiner, Axels, Perspektive.

Während der gemeinsamen Jahre hatten Tom und Axel sich gegenseitig immer respektiert, ganz gleich, wie hoch die Wogen manchmal schlugen, weil sie zu irgendwelchen Themen absolut gegensätzlicher Meinung waren. Das gilt auch für diesen traurigen Abend, an dessen Ende Tom Axel sogar anbietet, ihn mit dem Auto nach Hause zu fahren. Später in meiner Praxis erzählt er mir, wie er diese Situation ganz bewusst wahrnahm: Der Weg, den er viele hundert Male von seiner zu Axels Wohnung zurückgelegt hatte, der große Baum an einer bestimmten Kreuzung, der sich im Herbst immer so besonders leuchtend färbte, der Feinkostladen, in dem die beiden samstags so oft fürs Wochenende eingekauft hatten, die Postfiliale, vor der sie einmal so in Streit geraten waren, dass sie für den Rest des Tages getrennte Wege gingen. Alle diese Wegmarken würden ihn von nun an immer an Axel und die schöne Zeit mit ihm erinnern. So hatte die Trauer bei Tom schon im ersten Moment der Trennung begonnen.

In den nächsten zwei Wochen hofft Tom zunächst, dass Axel sich das Ganze noch einmal anders überlegen würde. Zweimal ruft dieser auch an, um sich zu erkundigen, wie es Tom so gehe, ob er irgendetwas für ihn tun könne. Als Tom jedoch ein Treffen vorschlägt, meint Axel, es sei vielleicht besser, sie würden sich eine Weile nicht sehen. Weitere vierzehn Tage später bittet Tom Axel noch einmal um ein Gespräch. Er könne irgendwie keinen Abschluss finden, sagt er, er brauche noch ein paar Antworten, um loslassen zu können. Axel willigt ein, und so treffen sich die beiden auf »neutralem Boden« in einem Lokal, in das sie früher manchmal zusammen gegangen waren. Doch für Tom bringt der Abend nicht das erhoffte Ergebnis, im Gegenteil: Er findet, Axel sieht unverschämt gut aus, hört wie immer aufmerksam zu und ist rührend bemüht, Tom auf alle seine Fragen eine ehrliche Antwort zu geben. Nein, es gebe keinen anderen, in den er, Axel, sich verliebt habe. Ja, er sei auch traurig, dass die Beziehung vorbei ist, und er vermisse Tom auch. Aber nein, er würde ihn einfach nicht mehr begehren und glaubt auch nicht, dass das Gefühl wiederkommen könnte. – Mit anderen Worten, er lässt nicht den Funken eines Zweifels daran, dass seine Entscheidung endgültig ist und dass es für ihn kein Zurück gibt.

Als sie sich voneinander verabschieden, geht es Tom schlechter als zuvor, erst jetzt bricht die große Welle des Leids über ihm zusammen. Irgendwie schafft er es, nach Hause zu kommen, und weint dort die ganze Nacht. Tags darauf macht er einen Termin in meiner Praxis.

Um es gleich vorwegzunehmen: Tom brauchte schließlich anderthalb Jahre, um über die Trennung von Axel hinwegzukommen. Er litt und litt. Unter größten Mühen und mit meiner fortwährenden Unterstützung schafft er es, anstehende Examina für seine Arbeit zu bestehen. Aber er ist immer müde, kann kaum essen und hat seine gewohnte Ausgeglichenheit vollkommen verloren. Jeden Morgen wird er um 5 Uhr wach und kämpft mit schlimmsten depressiven Gedanken. Von seinen Freunden zieht er sich zunächst ganz zurück, und erst auf mein wiederholtes Mahnen hin, lässt er sich zu der einen oder anderen gemeinsamen Unternehmung mit Freunden überreden. Immer wieder predige ich, dass etwas Ablenkung ihm gut tun würde, doch als er es tatsächlich mit einer Gruppenreise zum Skifahren versucht, kommt er noch niedergeschlagener zurück, als er losgefahren ist.

»Warum?«, lautet die Frage, die er sich hundertmal am Tag stellt. »Warum liebt Axel mich nicht mehr?« »Warum ist alles so gekommen?« »Warum sind wir uns überhaupt begegnet, wenn alles nun so enden muss?« »Warum ist das Leben so ungerecht?« …

Nach acht Monaten macht Toms Depression schließlich einer zweiten Phase Platz: nervöser Rastlosigkeit. Ständig ist er jetzt unterwegs, geht selbst in der Woche fast jeden Abend aus, schläft nur noch vier bis fünf Stunden pro Nacht und hält es kaum aus, in seiner Wohnung allein zu sein. Falls es doch mal dazu kommt, stellt er den Fernseher oder das Radio an, manchmal sogar beides gleichzeitig. Sowohl ich, wie auch eine gute Freundin, raten Tom, endlich einen Arzt aufzusuchen. Erst vier oder fünf Monate später sieht er ein, dass es so nicht weitergehen kann, und lässt sich ein Beruhigungsmittel verschreiben.

Nun geht es gesundheitlich endlich wieder bergauf mit Tom: Er schläft wieder besser, isst wieder regelmäßig und sieht nach wenigen Wochen fünf Jahre jünger aus. Nach drei Monaten setzt er das Mittel nach Rücksprache mit seinem Arzt langsam ab und merkt, dass er endlich sein Gleichgewicht einigermaßen wiedergefunden hat.

Lange diskutiert er mit mir darüber, dass er Axel nun vielleicht noch einmal kontaktieren könnte. Ein Jahr lang hatten die beiden sich nicht gesehen. Sie verabreden sich zu einem Essen im Restaurant, und noch einmal spürt Tom Axels absolute Gelassenheit ihm gegenüber – wirklich, da ist einfach kein Feuer mehr, noch nicht einmal ein leises Knistern. Axel erzählt, dass auch er noch immer allein ist, und so hat Tom nach all der Zeit noch einmal die Bestätigung, dass Axel damals ehrlich zu ihm war, ihn nicht belogen und nicht betrogen hat.

Nach diesem Abend ist Tom endlich in der Lage loszulassen und sich innerlich von der Beziehung mit Axel zu verabschieden. Bis dahin war es für ihn ein langer, schmerzhafter Weg.

Meine Einschätzung zu dieser Geschichte

Die Geschichte von Tom und Axel ist eine Trennungsgeschichte par excellence. Sie ist einerseits ein Musterbeispiel dafür, wie man sich respektvoll und ohne fiese Mätzchen von jemandem trennen kann, andererseits zeigt sie: Auch in diesem Fall ist man(n) vor schlimmstem Liebeskummer nicht gefeit.

Weder Tom noch Axel ist hier irgendein Vorwurf zu machen. Axel hat gemerkt, dass seine Gefühle für Tom weg sind, und er hat sich in jedem Moment der Trennung absolut authentisch, ehrlich und fair verhalten. Auch viele heterosexuelle Männer können sich daran ein Beispiel nehmen. In all den Jahren meiner Praxis habe ich niemals erlebt, dass sich ein Mann auf diese Weise von einer Frau getrennt hat. Männer neigen dazu, alles zu ertragen und erst einen Schlussstrich zu ziehen, wenn es gar nicht mehr anders geht, zum Beispiel wenn schon lange eine neue Partnerin im Spiel ist. Mit Respekt und Achtung voreinander hat ein solches Verhalten aber wenig zu tun.

Männern, die sich in einer ähnlichen Situation befinden wie Tom, rate ich:

- Gehen Sie unbedingt zum Arzt, wenn es Ihnen über mehrere Wochen hinweg körperlich schlecht geht. Spätestens wenn Ihre Freunde Ihnen dazu raten, ist es allerhöchste Zeit! Hören Sie darauf, denn Ihre Freunde haben den Blick von außen und: Sie wollen schließlich Ihr Bestes.
- Stellen Sie so schnell wie möglich und konsequent den Kontakt zu Ihrer Expartnerin oder Ihrem Expartner ein. Auch wenn Sie es heute nicht wahrhaben wollen: Sie werden schneller wieder auf die Füße kommen, wenn Sie den anderen nicht ständig vor Augen haben. Es spricht ja nichts dagegen, zu einem späteren Zeitpunkt den Kontakt wieder aufzunehmen, aber ein halbes Jahr Kontaktsperre ist Minimum.
- Seien Sie nachsichtig mit sich selbst. Vielleicht brauchen Sie lange, um aus Ihrer Trauer herauszukommen, aber Sie sollten sich deswegen nicht unter Druck setzen. Es ist Ihr gutes Recht, sich so viel Zeit zu nehmen, wie Sie brauchen.
- Versuchen Sie es mit Ablenkung. Auch wenn dieses Prinzip bei Tom nicht funktioniert hat, ist es in den meisten Fällen durchaus wirksam. Ablenkung bedeutet nicht, dass nun einfach wieder »Friede, Freude, Eierkuchen« herrscht, aber jeder braucht mal eine Pause. Sie brauchen vielleicht eine Pause von Ihrem Liebeskummer. Setzen Sie sich dafür ein Zeitfenster, in dem Sie sich bewusst vornehmen, das Leben zu leben, das VOR Ihnen liegt. Legen Sie die Trauer im übertragenen Sinn HINTER Ihren Rücken und kümmern Sie sich erst nach der Pause, beispielsweise nach einer Woche, wieder darum. So schöpfen Sie ein bisschen Kraft, damit es Stück für Stück weitergehen kann.

— * —

Von Mann zu Mann

»Ich sehe doch, dass du in Sandro verliebt bist« – Ralfs Geschichte

Als ich Ralf zum ersten Mal begegne, stehen wir auf einem Firmenevent zufällig bei einer Tasse Kaffee nebeneinander. Über die Frage, woher wir jeweils den Gastgeber kennen, kommen wir ins Gespräch und stellen uns einander vor. Ich erzähle ihm von meiner Praxis, Ralf berichtet, dass er mit einem eigenen Immobilienbüro selbstständig ist. So verbringen wir eine nette kleine Plauderstunde zusammen, tauschen unsere Karten aus, und schließlich verabschiede ich mich, da ich abends noch einen anderen Termin habe.

Etwa eine Woche später klingelt in meiner Praxis das Telefon: »Hier ist Ralf S., erinnern Sie sich noch an mich, Frau Fauck?« »Natürlich erinnere ich mich«, antworte ich, »wir haben uns doch neulich so nett auf diesem Firmenevent unterhalten.« »Ich hätte gern mal einen Coachingtermin bei Ihnen«, sagt Ralf – und steht zwei Tage darauf in meiner Praxis.

Weil Ralf eigentlich selbst nicht so genau weiß, worüber er nun mit mir sprechen will, mache ich mit ihm meine so genannte Lebenskreisübung, bei der erfahrungsgemäß sehr schnell der »Knackpunkt« eines Klienten zutage tritt: Ralf soll mir zu verschiedenen Lebensbereichen eine kurze Einschätzung geben: Beruf, Gesundheit, Hobby, Liebe und so weiter. Als wir beim Thema Liebe ankommen, wird Ralf knallrot und blockt sofort ab: Nein, darüber möchte er überhaupt nicht mit mir sprechen.

Das sei aber wichtig für unsere Arbeit, entgegne ich, denn natürlich liegt da das Problem.

Und Ralf bricht auf der Stelle in Tränen aus und erzählt mir seine Geschichte. Seit 18 Jahren ist er mit seinem Freund Philipp zusammen, und im Grunde führen die beiden eine schöne, harmonische Beziehung. Beide teilen eine große Leidenschaft für das Theater und haben seit Jahren auch sehr viele Schauspieler und Leute aus dem Umfeld des Theaters in ihrem Freundeskreis. Und nun sei ihm, Ralf, etwas Schreckliches passiert: Er habe sich in Sandro, einen jungen, unglaublich attraktiven italienischen

Schauspieler verliebt. Er wisse auch überhaupt nicht, wie ihm das passieren konnte.

»Ich weiß, es ist ein Klischee«, sagt er, »dass alle schwulen Männer über 40 sich am liebsten mit so einem zwanzigjährigen Hüpfer schmücken wollen. Aber ich gehöre eigentlich gar nicht in diese Kategorie. Ich wollte immer einen Partner auf Augenhöhe, und den habe ich in Philipp ja auch.«

Aber nun ist es eben doch passiert, und Ralf weiß einfach nicht, was er machen soll. Auf keinen Fall will er, dass Philipp davon erfährt, und das kostet ganz schön viel Kraft.

All das sprudelt nur so aus Ralf heraus, und wir sind mit unserer Gesprächszeit schon am Ende. »Es tut so gut, endlich mal mit jemandem darüber zu reden«, erklärt Ralf und vereinbart gleich einen weiteren Termin in dieser Woche.

Bei unserem nächsten Treffen erzählt Ralf mir, dass die gemeinsamen Freunde auch schon anfangen ihn aufzuziehen: Er würde Sandro ja die ganze Zeit schöne Augen machen und so weiter. Ralf ist das über die Maßen peinlich, und natürlich fühlt er sich total ertappt und weiß gar nicht, wie er reagieren soll. Bei den gemeinsamen Treffen spricht Ralf deshalb neuerdings aus lauter Unsicherheit ziemlich dem Alkohol zu – mit dem Ergebnis, dass es ihm noch schwerer fällt, sich Sandro gegenüber zu verstellen. »Ich muss die Sache jetzt irgendwie in den Griff kriegen«, nimmt er sich vor, »am Ende erfährt womöglich auch noch Sandro selbst davon, und das wäre doch das Allerschlimmste!«

Zwar bin ich in diesem letzten Punkt nicht mit Ralf einer Meinung, aber schließlich ist es nicht meine Aufgabe, ihn zu etwas zu drängen, was er gar nicht möchte. Er muss selbst herausfinden, was für ihn gut und richtig ist.

Der Stimmungsumschwung lässt jedoch nicht lange auf sich warten: Am nächsten Morgen um halb zehn steht Ralf unangemeldet vor meiner Tür und sagt: »Frau Fauck, ich glaube, ich muss es Sandro jetzt einfach sagen, sonst werde ich noch verrückt.« Gemeinsam besprechen wir die Strategie, dann rufe ich Ralf ein Taxi, das ihn schnurstracks zu Sandros Wohnung bringt.

Nach anderthalb Stunden ist er dann wieder da und sieht ziemlich erschöpft aus. Ja, er habe es geschafft, Sandro seine Liebe zu gestehen, berichtet er. Sandro sei auch sehr verständnisvoll und freundlich mit ihm umgegangen, habe ihm jedoch klargemacht: Gern möchte er mit Ralf befreundet sein, alles andere käme für ihn aber nicht infrage.

Natürlich ist Ralf daraufhin vollkommen niedergeschlagen. Er wisse selbst nicht, was er sich davon erhofft habe, aber immerhin sei er erleichtert, dass es jetzt raus ist und dass er Gewissheit hat: Da lauert keine »Chance«, die er verpasst hat, weil er zu feige war, es zu versuchen.

War es ihm bisher schon schwer gefallen, zu Hause seine Gefühle zu verbergen, gelingt es Ralf jetzt umso schlechter. Bei der nächsten Sitzung erzählt er mir, dass Philipp selbst jetzt reinen Tisch gemacht habe: »Wie sollen wir denn jetzt verfahren? Ich sehe doch, dass du in Sandro verliebt bist. Möchtest du, dass ich mich zurückziehe, oder wie willst du mit der ganzen Sache umgehen?«

Ralf ist ziemlich beeindruckt von Philipps Souveränität. Die beiden haben dann ein langes Gespräch, in dem Ralf Philipp erzählt, dass er mit Sandro gesprochen habe und der ihn ohnehin nicht wolle. Eine Trennung von Philipp käme auch gar nicht infrage, er wisse selbst nicht, was er da für Flausen im Kopf gehabt habe.

Und genau das, so sagt er mir gegenüber, sei es auch, was ihn nun die ganze Zeit beschäftige: Wie konnte das überhaupt passieren? Was hatte er sich denn eigentlich erhofft? Darüber wolle er gern noch mit mir sprechen.

Bei unserer gemeinsamen Arbeit kommt schließlich heraus, dass Ralf offenbar eine kleine Midlife Crisis durchlebt hat. Im Grunde wollte er gar nicht wirklich mit Sandro zusammen sein. Er hätte sich auch gar nicht vorstellen können, sich auf dessen Lebensstil wirklich einzulassen. Aber vor zwanzig oder fünfundzwanzig Jahren, da sei es sein größter Wunsch gewesen, Schauspieler zu werden, von einem Engagement zum nächsten in der Welt herumzureisen und sich an jedem Ort den schönsten Mann für die Nacht mit nach Hause zu nehmen … In dem Elternhaus, aus dem er stammt, sei so etwas jedoch undenkbar gewesen. Dass er schwul sei, ist für die Eltern schon der Super-GAU, eine Schauspielausbildung hätte die Mutter wahrscheinlich umgebracht.

Nachdem er all das in mehreren Sitzungen herausgearbeitet hat, sieht Ralf müde, aber zufrieden aus. Er hat einige Zeit gebraucht, um sich zu »entlieben«, aber nun kann er diesen alten Jugendtraum loslassen und wieder ganz ins Hier und Jetzt zurückkehren. Und zum Glück hat Philipp sich nach der Geschichte nicht von ihm abgewendet, sondern steht zu ihm wie am ersten Tag.

Noch immer kommt Ralf regelmäßig zum Coaching zu mir – aber nun geht es hauptsächlich um Business-Themen: Was tun, wenn es in der Firma mal nicht so läuft, wenn ein schwieriges Mitarbeitergespräch ansteht, wenn er sich von der vielen Arbeit gestresst fühlt …

Beim letzten Mal hat er sogar eine ganz besondere Neuigkeit mitgebracht: Vor vier Wochen haben er und Philipp geheiratet! Dazu kann ich ihn nur beglückwünschen!

Meine Einschätzung zu dieser Geschichte

Ralf ist passiert, was sehr viele Männer in seinem Alter erleben: Die eigene Beziehung läuft gut, man ist schon seit fünfzehn oder zwanzig Jahren zusammen, und dann erwischt es einen quasi aus dem Nichts. Im Grunde war es Ralfs Glück, dass Sandro nichts mit ihm anfangen wollte, denn sonst wäre die Geschichte sicher nicht so schadlos an der Beziehung zu Philipp vorübergegangen. Und seien wir ehrlich: Die Liebe zwischen Ralf und Sandro wäre ein Strohfeuer gewesen, das sich nach kurzer Zeit in kalte Asche verwandelt hätte.

Dadurch, dass Ralfs Verliebtheit unerwidert blieb, hatte er die Chance, darüber nachzudenken, was eigentlich mit seinen Gefühlen los war und wie es um seine Beziehung zu Philipp steht. Allerdings, muss ich einräumen, kamen hier auch mehrere glückliche Umstände zusammen: Hut ab vor Philipp, der so vorbildlich mit der Situation umgegangen ist. So mancher andere Mann und sehr viele Frauen wären wahrscheinlich vor Eifersucht die Wände hochgegangen und hätten die ganze Beziehung infrage gestellt. Mit seiner Haltung konnte Philipp aber nur gewinnen, denn so hat Ralf auch gemerkt, was er an ihm hat: Einen Mann mit Stil und starker Persönlichkeit.

Und auch Ralf gilt hier meine Anerkennung: Nachdem er von Sandro eine Abfuhr erteilt bekam, hat er sich nicht in die Opferrolle geflüchtet, sondern ist absolut reflektiert mit der Situation umgegangen. Und das war wirklich nicht immer leicht für ihn, denn er hatte sehr mit seinen Gefühlen zu kämpfen: Verletztheit wegen der Zurückweisung durch Sandro, unerfüllte Liebesgefühle und Sehnsucht, Schuldgefühle Philipp gegenüber und Verwirrung über sich selbst. Vermutlich hat er aber auch gespürt, dass hinter der ganzen Geschichte etwas Anderes steckte als die reine Verliebtheit eines 20-jährigen.

Was kann ich Männern in Ralfs Situation da noch raten? Machen Sie es genauso wie er – dann machen Sie alles richtig!

Sex im Büro

»Ich werde um diese Frau kämpfen« – Olivers Geschichte

Mein Klient Oliver kommt zu mir, weil er sich das erste Mal in seinem Leben mit Haut und Haar verliebt hat – nur leider unglücklich … Das »Objekt seiner Begierde« heißt Silke, ist, wie kann es anders sein, verheiratet und hat zwei Kinder. Beide arbeiten seit Jahren in derselben Firma, einem großen Mobilfunkunternehmen, kannten sich anfangs aber nur vom Telefon. Vor einem halben Jahr ergab es sich nun, dass sie sich im Rahmen eines gemeinsamen Projektes persönlich begegneten. Und: Bei beiden ist es Liebe auf den ersten Blick.

Nachdem sie mehrere Meetings miteinander hatten, macht Oliver einen ersten Vorstoß und fragt in die Runde, ob man nicht noch gemeinsam etwas trinken gehen wolle. Einige Kollegen sind dabei, darunter auch Silke. Während sich die anderen nach dem ersten Bier auf den Nachhauseweg machen, bleiben Silke und Oliver noch in der Bar sitzen und haben endlich Gelegenheit, sich ein wenig kennen zu lernen. Olivers Enttäuschung ist allerdings groß, als Silke von ihrer Familie erzählt, denn insgeheim hatte er gehofft, sie könnte Single sein, so wie er.

Doch der Abend mit Oliver hat Silke offenbar nicht kalt gelassen. Schon am nächsten Tag schreibt sie ihm eine E-Mail, dass sie sich unbedingt bald wieder auf so einen netten Feierabend-Drink verabreden sollten. Das lässt Oliver sich natürlich nicht zweimal sagen. Wenige Tage später schlägt er ihr vor, in einen neuen Biergarten zu gehen, der erst vor kurzem in der Nähe der Firma eröffnet hat. Silke ist einverstanden, und so bummeln die beiden auf dem Weg zum Lokal durch den Park. Zu Olivers vollkommener Verblüffung dreht Silke sich an einer einsamen Stelle plötzlich zu ihm um, zieht ihn an sich und küsst ihn leidenschaftlich. Beide sind ganz verzaubert von diesem Augenblick, und als er vorbei ist, wissen sie vor Verlegenheit nicht so recht, was sie sagen sollen. Doch wie sich herausstellt, war es durchaus kein kurzer Moment der Schwäche, sondern sie haben sich schlichtweg Hals über Kopf ineinander verknallt. Sie gehen an diesem Abend nicht in den Biergarten, sondern setzen sich auf ihre Jacken in den Park und kommen sich vor wie zwei Teenager, die kein Zuhause haben, in das sie sich flüchten könnten.

In den folgenden Wochen fühlt Oliver sich wie im Traum. Sooft es möglich ist, trifft er sich mit Silke – inzwischen meist bei ihm zu Hause, wo sie ziemlich intensive Stunden miteinander verbringen. Zwischendurch gibt es außerdem Sex in allen Varianten: per Telefon, per E-Mail, per SMS …

Doch je länger die Geschichte läuft und je schöner sie wird, desto größer wird Silkes schlechtes Gewissen gegenüber ihrem Ehemann. Obwohl Oliver sie zu nichts drängt und immer wieder betont, dass sie doch einfach die schönen Stunden genießen können, beschließt sie, ihrem Mann von der Affäre zu erzählen. Natürlich ist daraufhin bei ihr zu Hause die Hölle los. Die Reaktionen von Silkes Mann Rainer decken das ganze emotionale Spektrum eines Betrogenen ab: Von Schock und Wut über Verzweiflung und Trauer bis hin zu »Lass uns doch noch mal in Ruhe über alles reden« und »Das können wir den Kindern doch nicht antun« geht die Achterbahnfahrt.

Auch Silke selbst wühlen diese Auseinandersetzungen ziemlich auf. »Ich liebe dich«, erklärt sie Oliver, »aber ich kann mir auch nicht vorstellen, ohne Rainer zu leben.« Und Oliver ist dabei der verständnisvollste Liebhaber, den man sich vorstellen kann. »Ich will vor allem, dass es dir gut geht«, sagt er. »Wie auch immer du dich entscheidest, ich werde es akzeptieren.«

Doch genau das ist das Problem: Silke kann sich einfach nicht entscheiden. Sie ist völlig unerwartet in diese ganze Sache hineingeschlittert und hatte überhaupt nicht damit gerechnet, dass es sie noch einmal dermaßen erwischen könnte. Eigentlich war sie in den letzten 16 Jahren mit ihrer Ehe und dem Familienleben ganz zufrieden gewesen. Und nun das!

Natürlich will Rainer sich mit der Rolle des gehörnten Ehemanns nicht zufrieden geben, und so setzt er Himmel und Hölle in Bewegung, um Silkes Liebe zurückzugewinnen. Er bemüht sich wieder mehr um sein Äußeres, organisiert Karten für ausverkaufte Konzerte von Silkes Lieblingsbands und kümmert sich außerdem rührend um den 15-jährigen Sohn und die 12-jährige Tochter. Mit dieser Strategie trifft er genau Silkes Nerv.

»Du weißt, wie viel du mir bedeutest, aber ich kann so einfach nicht mehr weitermachen«, schreibt sie schließlich in einer E-Mail an Oliver. »Ich würde es mir nie verzeihen, wenn ich nicht alles daransetzen würde, meine Ehe zu retten – schon wegen der Kinder. Wir haben uns einfach zur falschen Zeit oder vielleicht im falschen Leben getroffen. Mir blutet das Herz, aber ich muss mich jetzt einfach entscheiden, und deshalb will ich dir hiermit mitteilen, dass ich glaube, es ist besser, wenn wir in den nächsten Monaten ersteinmal keinen Kontakt mehr haben. Vielleicht können wir eines Tages Freunde werden – das wäre schön.«

Oliver hatte schon seit Tagen mit dieser Nachricht gerechnet, doch trotzdem ist er vollkommen niedergeschmettert. Immerhin findet er die Kraft für eine Antwort: »Ich habe dir gesagt, ich würde deine Entscheidung akzeptieren. So ist es nun also. Ich werde dich immer lieben und wünsche dir alles Gute.«

Anschließend meldet er sich für den Rest der Woche krank, bleibt zwei Tage lang im Bett und weint sich die Seele aus dem Leib. Als er am Montag wieder im Büro erscheint, erfährt er von einem Kollegen, dass Silke überraschend drei Wochen Urlaub eingereicht hat und mit ihrem Mann nach Malta unterwegs ist. Oliver möchte am liebsten gleich wieder umkehren und sich für die nächsten Monate allein in seiner Wohnung einschließen. Stattdessen findet er aber im Internet meine Telefonnummer und vereinbart gleich einen Termin mit mir.

»Wissen Sie«, sage ich ihm, »ich möchte Ihnen keine falschen Hoffnungen machen, aber das haben ja schon unendlich viele andere Paare versucht, so einen Riss in der Beziehung mit einem Urlaub zu kitten. In den wenigsten Fällen gelingt es.« Nachdem ich das ausgesprochen habe, sehe ich förmlich, wie diese Information Oliver aufrichtet. Er setzt sich gerade hin, strafft die Schultern, und in seinen Augen blitzt der Kampfgeist: Ein Schlachtplan muss her!

Wenn Sie wirklich herausfinden wollen, ob diese Frau Sie liebt, erkläre ich, dann gibt es nur eine einzige Chance. Sie müssen sich vollkommen zurückziehen. Schreiben Sie ihr in den nächsten Wochen keine SMS, keine E-Mails und nehmen Sie auch sonst keinen Kontakt auf. Warten Sie ab, bis sie sich bei Ihnen meldet.

Lange muss Oliver darauf nicht warten. Bereits nach einer Woche erhält er eine SMS von Silke: »Ich wünschte, ich wäre mit dir an diesem wundervollen Ort.«

»Was soll ich denn jetzt machen, Frau Fauck?«, will er daraufhin am Telefon von mir wissen. »Antworten Sie auf diese SMS gar nicht«, rate ich ihm. »Sie soll ersteinmal ihren Urlaub hinter sich bringen, und dann kann man weitersehen.«

So schwer es Oliver auch fällt, er hält sich eisern an meinen Ratschlag. Nach Silkes Rückkehr treffen die beiden sich dann auf einen Spaziergang – und zwar ohne Anfassen und ohne Sex! – wie ich Oliver mit auf den Weg gegeben habe. Schon nach wenigen Schritten ist die Vertrautheit zwischen ihnen wieder da, und Silke erzählt, wie sehr sie im Urlaub ohne ihn gelitten habe. Oliver muss bei diesen Worten zwar übermenschliche Kräfte aufbringen, Silke nicht auf der Stelle an sich zu reißen, doch er meistert die Situation bravourös. Er im Gegenzug erzählt, er habe sich in der Zwischenzeit ein- zweimal mit einer alten Freundin getroffen, die nach langer Zeit mal wieder Kontakt zu ihm aufgenommen hatte. Diese Neuigkeit stürzt Silke wiederum in tiefe Verwirrung, aber sie versucht, cool zu bleiben. Am Schluss schlägt sie zaghaft vor, doch mal gemeinsam ins Kino zu gehen – und das ist Olivers großer Moment. »Ich liebe dich noch immer«, lässt er sie wissen, »das war vom ersten Tag an so, und es ist bis heute so geblieben. Aber ich habe jetzt gemerkt, dass ich Klarheit brauche. Du hast selbst gesagt, dass du dich entscheiden musst. Wenn du dich für mich entscheidest, bin ich für dich da, aber dann sollte es auch eine Entscheidung mit allem Drum und Dran sein. Dann erwarte ich, dass du dich von Rainer trennst, auch räumlich, dass du mich deinen Kindern vorstellst und wir auch sonst ganz offiziell ein Paar sind. Bitte überleg dir, was du wirklich willst. Bis dahin sollten wir uns vielleicht weiterhin nicht sehen.«

Silke ist von diesem Vortrag ziemlich überrascht, aber sie ist mit Olivers Vorschlag einverstanden. Dann zieht sie ihn einmal fest an sich, steigt in ihr Auto und braust davon.

»Sie haben alles richtig gemacht«, beruhige ich den aufgeregten Oliver am nächsten Tag. »Jetzt können Sie nur noch abwarten, dass sie sich meldet, und das wird sie ganz sicher bald tun.« – Das hoffe ich zumindest, denn Oliver ist ein einziges Nervenbündel, kann nicht mehr schlafen, nicht mehr essen und tigert in einem fort in meinem Praxisraum auf und ab.

Dann endlich, nach einer Woche, kommt der erlösende Anruf von Silke. Rainer wird vorläufig bei einem Freund wohnen, bis er eine eigene Wohnung gefunden habe. Und die Kinder seien am kommenden Wochenende bei Silkes Schwester. Ob Oliver nicht Lust habe, am Samstagabend zu ihr nach Hause zu kommen, sie hätte noch eine gute Flasche Champagner im Kühlschrank, die sie ungern allein köpfen wolle ... Das lässt Oliver sich natürlich nicht zweimal sagen.

Meine Einschätzung zu dieser Geschichte

Olivers Geschichte hat mich sehr angerührt, weil er als vierzigjähriger Mann im Grunde das erste Mal in seinem Leben erfahren hat, was Liebeskummer eigentlich bedeutet. Und so hat er quasi gelitten wie ein 18-jähriger. In meiner Praxis habe ich ihn jedoch in keinem einzigen Moment als Opfer erlebt. Immer wieder betonte er, dass er die Beziehung zu Silke wirklich nur will, wenn sie sie auch will. Ansonsten würde er ohne Wenn und Aber zurückstehen. Für mich war es – das muss ich zugeben – in diesem Fall allerdings auch relativ einfach, die Dinge ein wenig vorherzusehen, denn Geschichten wie die von Silke kenne ich zuhauf: den Schulfreund geheiratet, Kinder bekommen, zufrieden in der Ehe und plötzlich aus dem Nichts neu verliebt. Das ist ein Klassiker und in 90 Prozent der Fälle trennen sich diese Frauen am Ende von ihrem Ehepartner, denn in der alten Beziehung ist einfach die Luft raus, und Frauen sind zu ehrlich zu sich selbst, um das die nächsten zwanzig oder dreißig Jahre zu verdrängen.

Männern, die sich in einer ähnlichen Situation befinden wie Oliver, rate ich:

- Setzen Sie Grenzen! Ziehen Sie sich von Ihrer Geliebten zurück, bis sie sich wirklich und glaubwürdig entschieden hat –

und seien Sie sicher: Sie wird sich entscheiden. Wenn Ihnen das zu lange dauert und Sie sich benutzt fühlen, setzen Sie ihr ein Ultimatum, aber halten Sie sich auch selbst an die Regeln, denn sonst machen Sie sich am Ende unglaubwürdig.

- Wenn die Frau sich für Ehemann und Familie entscheidet, akzeptieren Sie das und laufen Sie ihr nicht monate- oder jahrelang hinterher. Ob ihre Entscheidung richtig war, wird sich sowieso schnell zeigen, auch ohne dass Sie sich selbst ständig wieder ins Spiel bringen.
- Entscheidet die Frau sich für Sie, setzen Sie sie nicht zu sehr unter Druck. Zeigen Sie Geduld. Es wird trotz allem eine Weile dauern, bis sie sich emotional von ihrem Ehemann und vom gewohnten Familienleben entfernt hat. Die Beziehung zu den eigenen Kindern ist außerdem eine, die man fürs Leben eingeht. Wenn Sie ein extrem eifersüchtiger Typ sind, werden Sie in einer solchen Konstellation immer Schwierigkeiten haben. Zeigen Sie gegenseitig Respekt und Toleranz – dann ist auch Ihre Liebe auf der sicheren Seite.

— * —

Sex im Büro

»Schatz, ich würde niemals meinen Mann verlassen« – Andreas' Geschichte

Andreas ist Redaktionsleiter bei einem großen Stadtmagazin. Seit einem Jahr hat er ein Verhältnis mit seiner Chefin Simone. Simone ist eine sehr charismatische Enddreißigerin mit recht dominantem Auftreten. Sie ist verheiratet und Mutter von zwei Töchtern, um die sich hauptsächlich ihr Ehemann kümmert.

Fast täglich treffen Andreas und Simone sich nach Redaktionsschluss zur berühmten »Nummer auf dem Schreibtisch« in Simones Büro, hin und wieder kommt sie auch für ein paar »romantische« Stunden zu Andreas nach Hause, bleibt aber nie über Nacht. Kaum ist sie dann aus seinem Schlafzimmer raus, tippt sie bereits eine SMS an ihren Ehemann: »Liebling, bin gleich bei euch.« Andreas findet das zwar »irgendwie unangemessen«, wie er mir später berichtet, aber er will sich auch nicht als »Weichei« outen, und so verkneift er es sich, darüber zu lamentieren. Dass Simone offenbar etwas an ihm liegt, zeigt sich daran, dass fast kein Tag vergeht, an dem die beiden nicht in irgendeiner Form Kontakt haben. Wenn sie sich im Büro nicht sehen, gibt es alternativ Sex per SMS.

Bei Andreas wird so über die Monate hinweg der Wunsch nach mehr Nähe immer größer. Er nutzt jede Gelegenheit, Zeit mit Simone zu verbringen, was im Alltagsstress in der Redaktion nicht immer ganz einfach ist. Eine der wenigen Möglichkeiten besteht darin, die Mittagspause mit Simone zu verbringen. Da das Redaktionsbüro jedoch in einem Gewerbegebiet am Stadtrand liegt, ist die Auswahl an lauschigen Restaurants oder Cafés extrem begrenzt. Andreas verlegt sich deshalb darauf, in der engen Büroküche selbst kleine Menüs für Simone und sich zu zaubern. Simone nimmt dieses Angebot dankbar an und ist voll des Lobes über Andreas' Kochkünste. Doch wirklich näher bringt es die beiden einander auch nicht.

Als Andreas bei einem ihrer heimlichen Treffen meint, es könne doch auch ganz schön sein, den Alltag miteinander zu teilen, lächelt Simone zwar verständnisvoll, winkt aber gleichzeitig ab: »Schatz, du weißt, ich würde meinen Mann nie verlassen. Wie soll das gehen mit den Kindern? Da bricht ja mein gesamtes Zeitmanagement zusammen.« – Und schon macht sie sich daraufhin an Andreas' Gürtel zu schaffen …

Andreas ist mit dieser Antwort zwar nicht zufrieden, aber er hofft weiter und versucht, sich in Simones Leben so unentbehrlich zu machen, dass sie irgendwann gar nicht mehr ohne ihn auskommen kann. Und dann will er ihr quasi die Pistole auf die Brust setzen und sagen: »Er oder ich.«

Der Plan scheint zunächst aufzugehen, denn einige Monate später zieht Simone tatsächlich aus dem ehelichen Heim aus – allerdings nicht zu Andreas, sondern in eine eigene Wohnung. »Ich brauche einfach mal eine Zeitlang meinen Freiraum«, lässt sie sowohl den Ehemann als auch Andreas wissen. Andreas ist ganz aus dem Häuschen: Endlich ist die Bahn frei für gemeinsame

Nächte und Wochenenden, für kuschelige Fernsehabende und ein bisschen geteilten Alltag. Doch all dies tritt gar nicht ein, denn Simone hat überhaupt keine Zeit für ihn. Ständig schiebt sie irgendwelche wichtigen Termine vor, oder sie ist einfach zu k.o., um sich jetzt noch mit ihm zu treffen. Auf sein Drängen hin erfährt Andreas dann schließlich den wahren Grund für Simones Auszug: Sie hatte vor einigen Wochen zufällig auf der Straße eine alte Liebe aus der Studienzeit wiedergetroffen. Die beiden verabredeten sich zu einem Essen und merkten, dass zwischen ihnen noch immer große Anziehungskraft besteht ... »Aber bitte, Schatz, wenn du meinem Mann irgendwo begegnen solltest, tu mir den Gefallen und halt den Mund, ja? Ich weiß doch noch gar nicht, was aus der Geschichte wird, und man muss ja nicht unnötig die Pferde scheu machen.«

Andreas ist total überrumpelt. So hatte er sich das alles nicht vorgestellt. Auch der Sex bleibt in den nächsten Wochen aus – und nun merkt Andreas erst recht, wie sehr er an Simone hängt. Er kann sich überhaupt nicht mehr auf seine Arbeit konzentrieren, weiß nicht, wie er sich Simone gegenüber verhalten soll, wenn sie sich auf dem Flur begegnen, und hat zunehmend schlimmere Magen-Darm-Probleme. Als eine Redakteurin vorschlägt, einen Beitrag über die Liebeskummer-Praxis in die nächste Ausgabe des Stadtmagazins zu bringen, kopiert Andreas sich meine Kontaktdaten und sitzt wenige Tage später in meiner Berliner Praxis.

»Ziehen Sie sich unbedingt von Simone zurück«, rate ich ihm. »Sie müssen die Beziehung jetzt auf eine ganz und gar professionelle Ebene bringen. Und hören Sie um Gottes Willen auf, mittags für sie zu kochen.«

Andreas nickt ergeben und geht einigermaßen gesammelt nach Hause. Ein paar Sitzungen später beichtet er mir jedoch, dass er wieder Sex per SMS mit Simone hatte. Ob das nicht ein Zeichen sei, dass sie merkt, dass sie doch ihn mehr liebt als diesen Exfreund? »Nein«, sage ich eindringlich. »Es ist lediglich ein Zeichen dafür, dass Simone offenbar gern auf mehreren Hochzeiten tanzt und sich nicht festlegen möchte.«

Doch als Simone Andreas nun wieder nach Redaktionsschluss zu »wichtigen Meetings« in ihr Büro bestellt, schießt er alle meine

Ratschläge in den Wind und lässt sich begeistert auf die neu angeheizte Affäre ein. War es zuvor schon manchmal heftig zwischen ihnen zur Sache gegangen, entwickelt sich die Geschichte nun immer mehr in Richtung S/M. Obwohl Andreas diese Praktiken teilweise zu extrem sind, macht er bei den Spielchen mit – aus lauter Angst, Simone würde sich sonst wieder von ihm zurückziehen. Auch das mittägliche Kochen nimmt er wieder auf, obwohl bei ihm mittlerweile ein Magengeschwür diagnostiziert wurde.

Ich versuche in unseren Sitzungen noch einmal, mit Andreas zu klären, was er sich von Simone eigentlich wünscht und wie die »Beziehung« in der Realität aussieht. Ihm selbst ist inzwischen klar, dass er nie das von ihr bekommen wird, was er eigentlich möchte, doch er fühlt sich einfach »zu schwach«, wie er sagt, um die Sache von sich aus zu beenden.

»Mir ist einfach nicht zu helfen, Frau Fauck«, meint Andreas am Ende unserer sechsten Sitzung – und das war das Letzte, was ich von ihm gehört habe.

Meine Einschätzung zu dieser Geschichte

Andreas ist einer meiner seltenen Klienten, die sich zwar erstmal Hilfe holen, dann aber nicht in der Lage sind, diese Hilfe auch anzunehmen. Ich weiß von ihm, dass er fast ohne Familie aufgewachsen ist. Seine Mutter starb früh, und sein Vater hat sich mehr schlecht als recht um ihn gekümmert. So etwas wie häusliche Geborgenheit hat Andreas nie erfahren. Das mag auch einer der Gründe sein, dass er heute einerseits einen großen Wunsch nach Nähe hat, andererseits erklärt es seine extrem großen Verlustängste Simone gegenüber.

Rational war Andreas vollkommen klar, was er hätte tun müssen, um aus seiner Situation herauszukommen, aber er konnte seine Pläne einfach nicht in die Tat umsetzen. Er hat keinen einzigen meiner Ratschläge befolgt – in einem solchen Fall kann ich leider nicht viel für einen Klienten tun. Vielleicht wäre er in einer Langzeit-Gesprächstherapie besser aufgehoben.

Männern, die sich in einer ähnlichen Situation befinden wie Andreas, rate ich:

- Wenn Sie merken, dass die Frau, die Sie lieben, Sie lediglich als sexuelles Spielzeug benutzt, sollten Sie die Affäre beenden und sich konsequent von ihr zurückziehen. Und sexuelle Praktiken »über sich ergehen zu lassen« und nicht wirklich Spaß dabei zu haben, ist schon gar keine Grundlage für ein lustvolles Verhältnis. Lässt Ihre »Freundin« in diesem Punkt nicht mit sich reden, ist das lediglich ein weiteres Indiz dafür, dass bei ihr keine Liebe im Spiel ist.
- Insbesondere bei Liebschaften am Arbeitsplatz gilt: Sie müssen die Beziehung unbedingt wieder auf eine professionelle Ebene bringen und mit der Frau umgehen wie mit anderen Kollegen. Gelingt Ihnen das nicht, sollten Sie sich ernsthaft nach einem neuen Job umsehen.
- Die einzige Möglichkeit, die Affäre weiterlaufen zu lassen, besteht darin, Ihre Einstellung zu verändern. Wenn Sie es schaffen, den Sex einfach als lockeres Vergnügen zwischendurch zu nehmen, an dem beide Beteiligten Spaß haben, steht dem Ganzen ja nichts im Wege. Wenn Sie jedoch so leiden wie Andreas und Sie bereits ernsthafte gesundheitliche Probleme entwickeln, lassen Sie auf jeden Fall die Finger davon!

— * —

Sex im Büro

»Wir sind uns doch immer so einig gewesen« – Felix' Geschichte

Felix' Geschichte steht hier in der Rubrik *»Sex im Büro«*. Was sie jedoch von beiden vorherigen Geschichte unterscheidet, ist: Nicht Felix amüsiert sich im Büro mit einer Kollegin, sondern seine Frau bändelt mit einem Kollegen an.

Der erste Anruf, den ich von Felix erhalte, kommt zu sehr ungewöhnlicher Stunde: Am ersten Januar um neun Uhr morgens. »Frau Fauck, es tut mir leid, dass ich sie um diese Zeit störe, aber wenn ich jetzt nicht angerufen hätte, hätte ich mich wieder wochenlang nicht getraut. Ich hätte auch nie gedacht, dass ich mal eine Liebeskummer-Beraterin in Anspruch nehmen müsste. Meine Frau und ich sind seit über zehn Jahren verheiratet – und nun hat sie mir gesagt, dass sie mich nicht mehr liebt.«

Ich merke gleich, wie sehr Felix in Not ist, und gebe ihm einen Termin für den nächsten Vormittag. Er erzählt, er sei Cellist in einem Orchester, seine Frau Cordula arbeite als Steuerberaterin in einer großen Beratersozietät. Kennen gelernt hatten sie sich schon in ihrer Schulzeit, denn sie waren zusammen in einem Internat am Bodensee gewesen. Nachdem Felix sein Musikstudium beendet und die Anstellung im Orchester bekommen hatte, haben sie geheiratet und inzwischen auch eine 4-jährige Tochter.

Sie seien sich in so vielen Dingen immer so einig gewesen, sagt Felix ratlos. Beide teilen sich ganz gerecht die Pflichten im Haushalt ebenso wie die Betreuung des Kindes. Sofern er nicht auf Konzertreise sei, habe das auch immer reibungslos funktioniert. Und nun das. Einfach aus dem Nichts heraus sei ihr alles, was sie miteinander verbindet, plötzlich nicht mehr genug. Zu langweilig, zu tot, wie Cordula sich ausgedrückt habe. Er verstehe das alles überhaupt nicht.

»Kann es denn sein, dass Ihre Frau sich in jemand anders verliebt hat?«, frage ich ihn, denn nach meiner Erfahrung müsste es schon fast mit dem Teufel zugehen, wenn das nicht der Fall wäre.

»Meinen Sie?«, fragt Felix ehrlich überrascht. »Das glaube ich nicht. Das kann ich mir überhaupt nicht vorstellen. Es würde auch so gar nicht zu Cordula passen.«

Bei unserer nächsten Sitzung erzählt Felix mir denn auch, er habe seine Frau danach gefragt und sie habe beteuert, es gebe keinen anderen. Zwar verstünde sie sich in letzter Zeit gut mit einem Arbeitskollegen, aber natürlich sei da nichts zwischen ihnen. Das sei doch nun auch wirklich nicht ihr Stil, hatte Cordula empört gerufen. – Ich habe da zwar meine Zweifel, aber wenn meine Vermutung stimmt, wird Felix das selbst noch früh genug herausfinden. Was zu meiner Theorie auch passt, ist die Tatsache, dass Cordula gleich Nägel mit Köpfen gemacht und mit der Tochter zu einer Freundin gezogen ist, nachdem sie mit Felix über ihre Gefühle bzw. deren Nichtvorhandensein gesprochen hatte.

Felix Zustand ist auch deswegen der eines Traumatisierten. Er kann nicht mehr essen, nicht mehr schlafen und hat größte Schwierigkeiten sich bei den Proben zu konzentrieren. Alle Orchester-Kollegen seien schon genervt, weil ständig seinetwegen Passagen wiederholt werden müssten.

Sehr zu schaffen macht ihm auch, dass er seine Frau fast täglich sieht, da er ja regelmäßig die Tochter vom Kindergarten abhole und sie abends dann zu ihrer Mutter bringe. Zwei oder drei Mal sprechen sie bei diesen Gelegenheiten auch miteinander über die Situation, und jedes Mal bekommt Felix zu hören, wie sehr es Cordula leid tue, dass sie ihn so verletzen müsse, und wie sehr sie unter ihrem schlechten Gewissen leide. Und Felix – bescheiden und zurückhaltend, wie er ist – lässt all das über sich ergehen und tröstet am Ende seine Frau, weil sie so darunter leidet, das sie sich von ihm getrennt hat … Verkehrte Welt, möchte man da sagen.

Mehrere Sitzungen verbringen wir damit, Felix' Selbstwertgefühl Millimeter für Millimeter wieder aufzurichten. Eines Tages kommt er zu mir und sagt: »Einer meiner Kollegen hat mich zu einem Wochenende auf einem Weingut eingeladen. Es soll dort Weinproben geben und eine Art kleines Weinkenner-Seminar. Aber wissen Sie, erstens geht es mir so schlecht, dass ich mich gar nicht unter Leute traue, und zweitens habe ich von Wein nicht den blassesten Schimmer.«

»Es wäre aber das Allerallerbeste, was sie jetzt tun könnten«, entgegne ich, und wir gehen eine Stunde lang durch, was er dabei zu gewinnen oder zu verlieren hätte. Schließlich gibt er sich einen Ruck und entscheidet sich, mitzufahren.

Als Felix danach wieder zu mir kommt, ist er förmlich wie ausgewechselt. Ich bin vollkommen verblüfft, denn mit dieser durchschlagenden Wirkung hatte ich nun wirklich nicht gerechnet. Und noch mehr in Erstaunen versetzt mich, was er mir dann über das Wochenende erzählt. Er habe dort eine Frau kennen gelernt, die sich offenbar auf der Stelle in ihn verguckt hat. Er wisse selbst nicht, woran das lag, vielleicht hatte er sie damit beeindruckt, dass er und drei seiner Kollegen, die ebenfalls mit von der Partie waren, am Abend ein wenig Kammermusik zum Besten gegeben hatten. Jedenfalls sei diese Frau, Grit, überhaupt nicht mehr von seiner Seite gewichen. Am Dienstagabend hatten sie sich dann hier in der Stadt zum Abendessen getroffen und – ja, wie soll er sich ausdrücken? – er sei auch gleich über Nacht bei ihr geblieben. Ein jungenhaftes Lächeln huscht über sein Gesicht, als er diesen letzten Satz ausgesprochen hat.

Und noch eine andere Person überrascht er in den nächsten Tagen mit seinem total aufpolierten Selbstbewusstsein und seinem plötzlichen Stimmungsumschwung: seine Frau. Kaum zehn Tage, dass Felix aus dem Wochenende zurück ist, ruft sie ihn an und bittet ihn um ein Gespräch. Sie habe sich das Ganze noch einmal durch den Kopf gehen lassen und sei zu dem Schluss gekommen, dass sie es doch noch einmal miteinander versuchen sollten, sagt sie. Daraufhin ist Felix nun an der Reihe, erstaunt und auch ein wenig verwirrt zu sein. Und auch in dieser Situation tut er genau das Richtige: Anstatt sofort in Cordulas offene Arme zu rennen, bittet er sich ein paar Tage Bedenkzeit aus. Damit schürt er die Eifersucht seiner Frau natürlich noch mehr.

Bei unserem nächsten Gespräch kommt er dann zu dem Schluss, dass auch er es gern noch einmal mit Cordula versuchen will, aber gleichzeitig möchte er diesen Neuanfang nutzen, um einige Dinge zwischen ihnen zu klären. Deshalb bittet er seine Frau, ihn zu einer Sitzung bei mir zu begleiten, in der wir intensiv über die Wünsche und Erwartungen sprechen, die die beiden einander entgegenbringen. Und darüber, wo sie sich hier begegnen können. Und ein weiteres Detail, das dabei zutage tritt, will ich Ihnen hier ebenfalls nicht verschweigen: In dieser Sitzung gibt Cordula zu, dass sie tatsächlich ein Verhältnis mit ihrem Arbeitskollegen angefangen hatte – und zwar schon bevor sie sich von Felix getrennt hatte. Bei Felix hat die Infusion an Selbstbewusstsein, die er von Grit bekommen hatte, noch so viel Wirkung, dass er diese Neuigkeit mit der Gelassenheit eines vollkommenen Gentlemans hinnehmen kann.

Von den beiden habe ich anschließend nie wieder etwas gehört; das werte ich als ausgesprochen positives Zeichen.

Meine Einschätzung zu dieser Geschichte

Die Geschichte von Felix und Cordula zeigt einen dieser typischen Verläufe, die Partnerschaften haben, die in sehr jungen Jahren begründet werden. Seit der Schulzeit sind die beiden zusammen und verbringen die entscheidenden Jahre zwischen 20 und 30 miteinander – eine Zeit, in der man sich persönlich noch stark entwickelt und verändert. Bei Cordula ist dieser Prozess offenbar ein bisschen schneller verlaufen. Irgendwann hat sie gemerkt: Sie ist nicht mehr das junge Mädchen, das sich in den schüchternen, begabten Musiker verliebt hat, sondern eine attraktive, erwachsene, erfolgreiche Frau, die andere Männer durchaus nicht kalt lässt. Sie kann viele Männer haben, sie hat sich beruflich etabliert und könnte einfach ihr Leben in vollen Zügen genießen – wäre, ja wäre da nicht der störende Faktor namens Felix …

Und Felix selbst brauchte offenbar diesen Schubser aus dem »mütterlichen« Nest, aus der Sicherheit, der täglichen Routine, um selbst erwachsen zu werden und Cordula quasi wieder einzuholen. Damit sind die Voraussetzungen für einen echten Neuanfang geschaffen. Ich wünsche den beiden, dass sie die Herausforderung auch langfristig meistern werden. Allerdings muss ich hinzufügen, dass mir – wie das Leben manchmal so spielt – durch einen Zufall im Nachhinein noch ein wichtiges Detail zugetragen wurde. So stellte sich heraus, dass ich den gleichen Frisör wie Felix und seine Frau habe – und Frisöre können ja durchaus Plaudertaschen sein. Nun wusste mein Frisör natürlich nicht, dass ich das Paar kenne, aber er flüsterte mir zu, dass Cordula sich gern mal Herrenbesuch nach Hause einlädt, wenn Felix auf Tournee ist …

Männern, die sich in einer ähnlichen Situation befinden wie Felix, rate ich:

- Ich habe es schon einige Male erwähnt: Wenn sich Ihre Partnerin von Ihnen getrennt hat, ist vollständiger Rückzug immer eine gute Strategie. Und wenn es Ihnen dann auch noch gelingt, die Expartnerin eifersüchtig zu machen, haben Sie im Grunde schon alle wesentlichen Register gezogen. Bleibt die Reaktion

Ihrer Exfrau oder -freundin aus, ist es an der Zeit, eigene Wege zu gehen und die Trennung zu akzeptieren.

- Die Geschichte zeigt deutlich, dass Partnerschaften oftmals auseinander gehen, weil ein Partner mit dem gemeinsamen Leben nicht mehr zufrieden ist. Das hat nicht mit den Fehlern des Verlassenen zu tun. Wenn Sie bemerken, dass Ihre Partnerin sich innerlich von Ihnen entfernt, lassen Sie sie einen Moment los. Vielleicht muss sie sich einfach ein wenig vom Ehealltag erholen und Sie auch mal wieder aus der Distanz betrachten. In einer langen Partnerschaft gibt es immer Phasen, in denen man mal mehr Zeit für sich braucht.
- Ruhe und Besonnenheit sollten bei allem, was Sie nach der Trennung tun, an erster Stelle stehen. Ich weiß aus eigener Erfahrung, dass das, was man in der Panik entscheidet, meist das Falsche ist. Angst ist in Partnerschaften kein guter Ratgeber.
- Angesichts des kleinen Nachtrags in der Geschichte möchte ich auch noch Folgendes zu bedenken geben: Ist Ihre Partnerin einmal fremdgegangen, sollten Sie zukünftig unbedingt auf der Hut sein. Ich habe schon oft gehört, dass Menschen bei einem ersten Seitensprung quasi »Blut geleckt« haben und dann in den folgenden Jahren immer wieder diesen Kick des Neuen suchen.

Mann zwischen zwei Frauen

»Bitte sagen Sie mir, was ich tun soll« – Jans Geschichte

Als Jan in meine Praxis kommt, merke ich sofort, dass er extrem unsicher und aufgeregt ist. Nachdem er im Sessel Platz genommen hat, bitte ich ihn, zunächst mal eine meiner Adresskarten auszufüllen, und sehe: Er zittert so stark, dass er kaum schreiben kann, und fängt bereits beim Ausfüllen der Karte an zu weinen.

»Ich möchte ersteinmal ein Taschentuch haben«, sind die ersten Worte dieses Mannes, der mit seinen 35 Jahren aussieht wie ein großer Junge.

Jan ist Fitnesstrainer und erzählt mir, dass er seit der Schulzeit in einer festen Beziehung mit seiner Freundin Nicole lebt – zumindest bis vor kurzem. Vor zwei Jahren hat er jedoch heimlich eine Affäre mit seiner 13 Jahre jüngeren Arbeitskollegin Tina angefangen. Wenige Monate bevor er in meine Praxis kam, hatte er sich dann von Nicole getrennt – mit der Begründung, er brauche einfach mal mehr Raum für sich, er fühle sich in der Beziehung so eingeengt. Warum er Nicole selbst bei der Trennung nichts von Tina erzählt hat, weiß Jan auch nicht so genau. Einerseits wollte er Nicole mit so einer Geschichte nicht unnötig verletzen, andererseits hatte er wohl auch Angst, dass dann herauskäme, wie lange die Sache mit Tina in Wirklichkeit schon läuft.

Doch nach der Trennung fühlt Jan sich gar nicht so frei und erleichtert, wie er es sich erhofft hat. Zwar gibt es eine Reihe von Eigenschaften an Tina, die ihm gefallen, aber schon bald merkt er, dass er Nicole sehr vermisst.

Drei Monate lang haben die beiden keinen Kontakt mehr, dann traut Jan sich endlich, Nicole eine SMS zu schreiben: »Ich würde dich gern sehen.« Er ist sehr aufgeregt, als Nicole sich mit einem Treffen einverstanden erklärt, und sie verabreden sich zu einem Spaziergang.

Nicole sieht toll aus, und die beiden haben ein langes, sehr intensives Gespräch. Was ihn an diesem Nachmittag besonders beeindruckt, ist die Tatsache, dass sie die Trennung offenbar ziemlich locker weggesteckt hat. So wirkt sie jedenfalls auf ihn. In dieser Situation wird Jan erst richtig klar, was er an Nicole hatte und wie schön es zwischen ihnen sein kann. Nach dem Spaziergang würde er am liebsten mit ihr nach Hause gehen – in ihr gemeinsames Zuhause –, und alles könnte so sein wie früher. Aber so weit zu gehen und Nicole danach zu fragen, traut er sich dann doch nicht. Auch hat er ein schlechtes Gewissen, weil er ihr die ganze Geschichte mit Tina noch immer verheimlicht. So gehen die beiden am Abend also getrennte Wege.

Nicole lebt nun allein in dem wunderschönen großen Bauernhaus, das die Eltern ihr vor einigen Jahren vererbt hatten, als sie sich zur Ruhe setzten. Sie und Jan hatten es in den letzten Jahren ganz nach ihren Wünschen umbauen und einrichten lassen – ebenfalls mit großzügiger finanzieller Hilfe von Nicoles Eltern.

Jan hingegen haust zurzeit in einer kleinen, trostlosen 2-Zimmerwohnung, in die er nach der Trennung Hals über Kopf gezogen war.

Nach diesem gemeinsamen Nachmittag geht Nicole Jan überhaupt nicht mehr aus dem Kopf. Am nächsten Tag ist er vollkommen von der Rolle, kann sich bei der Arbeit nicht konzentrieren und grübelt die ganze Zeit darüber nach, was er nun tun soll. Am Abend hält er es dann einfach nicht mehr aus. Noch nach 22 Uhr ruft er bei Nicole an und fragt sie, ob sie sich nicht sehen könnten. Noch einmal gehen sie lange spazieren, und schließlich landen sie zusammen im Bett. Für den Moment ist Jan selig.

Aber schon am nächsten Tag beginnen die Gewissensbisse wieder, ihn zu quälen. Er vertraut sich seinem besten Freund an, und dieser rät ihm, was Jan selbst bereits fühlt: Wenn es zwischen ihm und Nicole einen Neuanfang geben soll, dann muss er ihr die Sache mit Tina jetzt beichten, sonst wird dieser Betrug immer zwischen ihnen stehen.

Also ruft er Nicole an und sagt: »Ich muss unbedingt mit dir reden.« Wieder verabreden die beiden sich und Jan erzählt ihr, was in den letzten zwei Jahren passiert ist. Gut, er macht es vielleicht nicht ganz so drastisch, wie es tatsächlich war. Hin und wieder hätte er sich mit Tina getroffen, erklärt er, es sei wirklich nichts

Ernstes gewesen. Auch den Urlaub, den er letztes Jahr mit ihr auf Mallorca verbracht hat, verschweigt er Nicole vorsichtshalber. Warum sollte er sie mehr verletzen als nötig?

Mir gegenüber verrät Jan jedoch, dass die Sache zwischen Tina und ihm in Wirklichkeit ganz schön weit fortgeschritten ist. Alle seine Kumpel hatten zwei Jahre lang für ihn gelogen und ihm ein Alibi gegeben, wenn er bei der heimlichen Geliebten war.

Er wisse nun überhaupt nicht, was er tun solle. Einerseits will er wieder mit Nicole zusammen sein, andererseits gefällt es ihm auch, wie Tina ist. Sie sei so locker und flippig drauf und gleichzeitig so unkompliziert. Obwohl sie erst Anfang 20 ist, findet Jan sie sehr reif, das komme vielleicht daher, dass sie aus einem kaputten Elternhaus stammt. Ihm gefällt auch, dass sie so eine gewisse häusliche Ader hat. Sie hat immer gern frische Schnittblumen in der Wohnung, kocht so gut und backt gern – überhaupt sei bei ihr alles gemütlicher als in dem kühlen gestylten Zuhause, das er mit Nicole bewohnt hat.

Was er denn nun von mir will, frage ich Jan, nachdem er seinen Bericht beendet hat. »Soll ich vielleicht für Sie entscheiden, was Sie tun sollen?«

»Das wäre mir am allerliebsten«, sagt Jan kleinlaut – eine Antwort, die ich von Männern nicht selten zu hören bekomme.

Im Grunde, erzählt er dann, stimme ja zwischen ihm und Nicole alles. Gerade gestern hätten sie darüber gesprochen, dass sie die letzten 17 Jahre nicht einfach so wegwerfen können und wollen. Aber wenn sie jetzt wirklich einen neuen Anfang machen wollten, dann gäbe es aus seiner Sicht ein paar Bedingungen. Erstens wolle er heiraten. Er wisse auch gar nicht, warum sie das nicht schon lange getan hätten. Und warum haben sie eigentlich keine Kinder? Und zweitens, das sei das Wichtigste für ihn, wolle er, dass sie aus diesem Haus ausziehen. Im jetzigen Haus wurde alles von Nicoles Eltern bezahlt, er fühle sich dort eigentlich immer nur zu Gast, obwohl er selbst bei vielem mitbestimmt hat, was dort im Laufe der Jahre verändert wurde. Aber er habe irgendwie das Gefühl, es sei nicht sein Haus, nichts Eigenes, was er mit Nicole teilen könnte. Also seien sie gestern nach dem Spaziergang zu ihm in die kleine Wohnung gegangen und hätten im Internet geschaut, was es dort für Immobilienangebote gäbe. Aber während sie noch so zusammen vor dem Computer sitzen, denkt er, dass Nicole an jedem Haus, das sie sich anschauen, etwas auszusetzen hat.

»Da war überhaupt nichts Spontanes«, klagt er mir gegenüber. Daraufhin stelle ich die Frage in den Raum, ob diese Aussage nicht vielmehr seine eigene Unentschlossenheit vertuschen soll.

Jetzt fühlt Jan sich ertappt. Tatsächlich, so berichtet er mir daraufhin, habe er Tina gegenüber gesagt, er würde sich mit Nicole treffen, um sich endgültig von ihr zu trennen. – Typisch Mann! Aus Angst vor dem Alleinsein hält er lieber zwei Eisen im Feuer, anstatt den Frauen gegenüber ehrlich zu sein, was seine Gefühle angeht.

Ich habe es in der Einleitung zu diesem Buch bereits gesagt: Männer haben in meiner Praxis den deutlich höheren Taschentuchverbrauch als Frauen. Jan war während dieser ersten Sitzung bei mir so verzweifelt, dass er anderthalb Stunden lang nur geheult hat!

In einer weiteren Sitzung stellt sich heraus, dass Jan in dem Fitnessstudio, wo er bereits seit 16 Jahren dieselbe Position innehat, hoffnungslos unterfordert ist. Vielleicht hat er auch deshalb mit Tina angebändelt, um einen neuen Kick in seinen Arbeitsalltag zu bringen. Inzwischen ist ihm jedoch klar geworden, dass er mit Nicole wirklich ernsthaft einen neuen Anfang versuchen will. Deshalb sei es womöglich sinnvoll, dass sie einmal gemeinsam zu mir in die Praxis kommen, schlägt er vor.

Ich gebe zu bedenken, ob es für ihn nicht besser wäre, die Sache etwas langsamer anzugehen und sich zum Beispiel noch zwei Monate lang regelmäßig mit Nicole zu treffen, damit er sich seiner Gefühle Nicole gegenüber vergewissern kann.

»Nein«, antwortet er, »das geht auf keinen Fall. Ich kann nicht noch zwei Monate warten.« Daran merke ich, wie erschöpft Jan seelisch von der ganzen Geschichte ist.

Also gut, wenn Nicole dazu bereit ist, wäre ich auch einverstanden, erkläre ich ihm.

»Aber bitte«, fügt Jan hinzu, »erzählen Sie Nicole nicht, dass ich mich immer noch mit Tina treffe. Sie denkt, das sei inzwischen vorbei.« Dabei ist mir zwar nicht ganz wohl, aber ich willige ein.

Wenige Tage später ruft Nicole mich an und erzählt mir ihre Version der Geschichte. Für sie ist klar: Sie möchte diesen Mann zurück – undbedingt! Mit Jan und dieser Tina sei es ja auch vorbei, sagt sie. Ich – die ich es schließlich von ihm anders gehört habe – rate ihr zur Vorsicht. Schließlich arbeiten Jan und Tina immer noch im selben Fitnessstudio. Beim kleinsten Anlass, so vermute ich Nicole gegenüber, wird Jan sich womöglich wieder mit Tina treffen.

»Wenn Sie ganz sicher sein wollen, dass es aus ist zwischen den beiden und dass es Jan mit einem Neuanfang wirklich ernst ist«, rate ich ihr, »dann sollten Sie ihn darum bitten, den Job zu wechseln. Vielleicht wäre es für ihn sogar besser, sich selbstständig zu machen, zumal er ohnehin vollkommen unterfordert ist mit seiner jetzigen Stelle.«

Als wir uns dann eine Woche später zu dritt treffen, gebe ich den beiden eine Hausaufgabe auf: Jeder von ihnen soll dem anderen einen Wunschzettel mit zehn Punkten schreiben. Was wünschen sich beide für die Zukunft vom Partner bzw. für die Beziehung? Anschließend haben sie drei Wochen Zeit, um über diese Wünsche zu diskutieren und sich irgendwo in der Mitte zu treffen.

Nach drei Wochen sehe ich Jan und Nicole also wieder. Sie sind zu folgendem Ergebnis gekommen:

Die Wunschzettel der beiden stimmen weitgehend überein. Oberste Priorität hat nun: Ein neues Zuhause muss her. Um das zu finanzieren, wollen Nicole und Jan ihr jetziges Haus untervermieten. Beide wünschen sich außerdem ein gemeinsames Kind und dass sie in Zukunft mehr und offen über alles reden, was sie bewegt.

Jan wünscht sich von Nicole darüber hinaus mehr Spontaneität im Alltag und im Bett. Nicole möchte, dass Jan sich nach einer neuen Arbeitsstelle umsieht.

Ein halbes Jahr später erhalte ich von den beiden die glückliche Nachricht per E-Mail: »Wir sind im 4. Monat schwanger!«

Meine Einschätzung zu dieser Geschichte

Jan entspricht genau dem Bild, das ich von vielen Männern habe, die in meine Praxis kommen: Er ist in allergrößter Not. Er weiß wirklich nicht, was er tun und wie er sich zwischen zwei Frauen entscheiden soll. Hätte er sich keine professionelle Hilfe geholt – was übrigens auf Anraten von Nicole geschah –, dann würde er vermutlich noch monate- oder jahrelang in diesem ungeklärten Zustand verharren. Meine Aufgabe war es in diesem Fall, ihm zu mehr Klarheit über seine Situation zu verhelfen und herauszufinden, was er wirklich will. Oftmals funktioniert das nur über einen größeren Druck, der von außen aufgebaut wird.

Jan und Nicole haben glücklicherweise noch in letzter Sekunde die Notbremse gezogen und durch das Coaching wieder zueinander gefunden. Sie gehen gestärkt in die Beziehung zurück, denn sie hatten die Gelegenheit, jeder für sich noch einmal intensiv zu prüfen, für wen das Herz schlägt und ob sie wirklich zusammenbleiben wollen.

Jan hat am Ende die Erkenntnis gewonnen, dass die Affäre mit Tina lediglich ein Kick in seinem langweiligen Alltag darstellte. Sein Fehler bestand vor allem darin, dass er zu lange gewartet hat, mit Nicole über seine Unzufriedenheit zu sprechen.

Problematisch ist bei diesem Paar auch, dass beide Partner sich beruflich so unterschiedlich entwickelt haben. Während Nicole in ihrem Beruf immer neue Herausforderungen bekam und zielsicher ihre Karriere verfolgte, trat Jan jahrelang in seinem Job auf der Stelle. Selbst in unserem letzten Gespräch schrieb er den Grund für seine Unzufriedenheit und Langeweile zu 80 Prozent seiner Partnerin zu – nach meiner Einschätzung ist das vollkommen unverhältnismäßig.

Menschen, die sich in einer ähnlichen Situation befinden wie Jan, rate ich:

- Schaffen Sie klare Verhältnisse. Wenn Sie sich schon in so eine heimliche Betrugsgeschichte verwickelt haben, ergreifen Sie die erstbeste Möglichkeit, um Ihrer Partnerin (und Ihrer Geliebten!) die Wahrheit über Ihre Gefühle zu sagen. Frauen können durchaus akzeptieren, dass Sie zurzeit vielleicht ein wenig gefühlsverwirrt sind. Was jedoch keine Frau akzeptiert, ist, angelogen und hintergangen zu werden.
- Viele Männer sehen sich in solchen Situationen selbst in der Opferrolle – und zwar als Opfer ihrer eigenen Gefühle und als

Opfer der Frauen, die von allen Seiten an ihnen zerren. Bitte versuchen Sie zwischendurch mal, die Geschichte von außen zu betrachten: Sie selbst haben sich in diese Situation gebracht. Sie hintergehen Ihre Partnerin und manchmal sogar auch die Geliebte. Sie selbst sind derjenige, der nun sein Leben in die Hand nehmen und eine Entscheidung treffen sollte!

- Wenn Sie an den Punkt kommen, dass Sie nach einer Affäre doch noch einmal einen Neuanfang mit Ihrer langjährigen Partnerin versuchen wollen: Tun Sie es! Selbst wenn dieser Versuch scheitert, haben Sie etwas gewonnen, nämlich die Gewissheit, dass es zwischen Ihnen beiden einfach nicht funktioniert. Im Englischen gibt es den Satz: »I'd rather be sorry for something I've done than for something I didn't do.« – Sinngemäß: Wenn es mir hinterher leidtut, dann wenigstens für etwas, das ich getan habe, anstatt für etwas, das ich nicht getan habe. Sie haben dann immerhin versucht, Ihre Liebe zu retten, und die vielen gemeinsamen Jahre nicht einfach weggeworfen.

— * —

Mann zwischen zwei Frauen

»Ich vermisse meine Frau immer mehr« – Joachims Geschichte

Joachim ist Fachanwalt in einer großen Berliner Anwaltssozietät, wo er die Abteilung für Internationales Handelsrecht leitet. Die Frau, mit der er seit 14 Jahren zusammen und seit 10 Jahren verheiratet ist, Petra, arbeitet als Projektmanagerin in einem internationalen Pharmakonzern. Sie ist beruflich viel unterwegs und geht ebenso in ihrem Job auf wie Joachim selbst.

Als Joachim bei mir Rat sucht, haben er und seine Frau sich bereits getrennt. Was will er nun also von mir?

Er erzählt mir seine Geschichte so: Petra und er haben sich immer gut verstanden und sogar heute, nach der Trennung, ein gutes Verhältnis miteinander. Das Problem in ihrer Ehe bestand vor allem darin, dass es im Bett zwischen den beiden einfach nicht stimmte und eigentlich auch noch nie gestimmt hatte. Joachim fängt deshalb immer wieder Affären mit anderen Frauen an, bei denen er sich ein wenig »Abwechslung« sucht. Seiner Frau erzählt er von diesen Bettgeschichten jedes Mal – so hat er zwar ein schlechtes Gewissen, dass er sie betrügt, aber immerhin lügt er sie nicht permanent an.

Beim letzten Tête-à-tête, das Joachim anzettelt, läuft dann aber alles ein bisschen anders. Diesmal lässt er sich ausgerechnet mit Stefanie ein, einer jungen Anwältin, die neu in der Sozietät angefangen hat. Als Petra davon erfährt, tritt sie die Flucht nach vorn an: »Weißt du, Joachim, vielleicht lassen wir das Ganze mit uns jetzt einfach mal. Ich glaube, wir werden sowieso nicht mehr glücklich miteinander.«

Kurze Zeit später zieht sie dann aus der gemeinsamen Wohnung aus und schlägt Joachim vor: »Es ist sicher ganz gut, wenn wir uns ein halbes Jahr lang mal nicht sehen. Es wäre mir auch lieb, wenn du nicht anrufst.«

Joachim ist darüber ziemlich verblüfft. Klar, er hatte diese Situation durch sein ständiges Fremdgehen selbst provoziert – aber dass Petra gleich ganz aus seinem Leben verschwindet, damit hatte er weder gerechnet, noch hatte er es sich gewünscht.

Wenn er es dann vor lauter Sehnsucht nach Petra nicht mehr aushält und sie doch anruft, ist sie immer bestens gelaunt oder hat gerade keine Zeit, mit ihm zu sprechen. Joachim beneidet sie dann um ihr Selbstbewusstsein und die Souveränität, mit der sie ihr neues Leben zu meistern scheint.

Währenddessen zieht sich das Verhältnis mit Stefanie in die Länge, und Joachim kann seine Gefühle ihr gegenüber irgendwie nicht richtig einordnen. Einerseits ist er schon ganz schön verliebt, und auch sexuell ist es zwischen ihm und Stefanie unglaublich gut. Andererseits macht die Tatsache, dass sie seine Kollegin ist, die Sache nicht gerade einfacher. Erschwerend kommt außerdem hinzu, dass sie seit fünf Jahren einen Freund hat, von dem sie sich im Grunde auch gar nicht trennen will.

Je länger alles so geht, desto weniger weiß Joachim, was er will. Er wird immer nervöser, hat schlaflose Nächte und muss sogar einmal eine wichtige Verhandlung abbrechen, weil er im Konferenzraum des Kunden eine Panikattacke erleidet. Als sich solche Zwischenfälle häufen, begibt er sich in ärztliche Behandlung. Es wird ein Burn-out-Syndrom bei ihm diagnostiziert.

Eines Tages ist er so fertig mit den Nerven, dass er Petra anruft und ihr sein Leid klagt: »Ich vermisse dich so sehr, du warst immer mein bester Freund. Gleichzeitig bin ich so verliebt in Stefanie, und die will sich nicht von ihrem Freund trennen. Ich weiß einfach nicht mehr, was ich machen soll.«

Petra tut in dieser Situation das einzig Richtige, sie rät Joachim, sich professionelle Hilfe zu holen. Im Internet findet sie meine Telefonnummer, mailt sie an Joachim, und kurze Zeit später schlägt er in seinem verzweifelten Zustand in meiner Praxis auf. »Was soll ich bloß machen, Frau Fauck?«, fragt er mich, während er sich schniefend über die Taschentücher hermacht.

In dieser Sitzung beeindruckt mich Joachim vor allem dadurch, dass er damit beginnt, sein Verhalten und seine Situation systematisch zu reflektieren. Warum hänge ich so an meiner Frau? Was würde passieren, wenn wir wieder zusammen wären? Was will ich eigentlich von Stefanie? Was wäre, wenn sie sich von ihrem Partner trennt?

Ich rate ihm, zunächst einmal auszuloten, was er für Stefanie tatsächlich empfindet und welche Bedeutung er umgekehrt für sie eigentlich hat. Am besten funktioniert das, indem er sich für eine Weile von ihr zurückzieht. So kann er nicht nur seine Gefühle überprüfen, sondern ihr gegenüber auch eine Grenze setzen. Er hat seine Hausaufgaben schließlich schon gemacht: Er hat seiner Frau von der Liaison erzählt und wäre jetzt frei für eine neue Beziehung, während sie zu Hause einen Freund hat, der von alldem nichts ahnt.

Tatsächlich zieht Joachim die Sache durch und kündigt Stefanie gegenüber an: »Bis du weißt, was du willst, möchte ich, dass wir uns nicht mehr sehen.« Diese Aktion zeigt sehr schnell Ergebnisse: Nach nur einer Woche erzählt Stefanie, sie habe ihrem Freund gesagt, dass sie sich ihrer Gefühle ihm gegenüber nicht mehr sicher sei, woraufhin dieser zunächst mal zu einem Kumpel gezogen ist. Allerdings, fügt sie hinzu, habe sie sich nicht getraut, dem Freund von Joachim zu erzählen. Es ginge ihr damit ähnlich wie Joachim mit seiner Frau: Menschlich verstünden sie sich sehr gut, und sie könne sich nicht so richtig vorstellen, ganz ohne ihn zu leben.

»Wäre es für dich okay«, fragt sie Joachim, »wenn ich ihm eine Art Beziehungspause vorschlage, bis wir beide wissen, was mit uns nun eigentlich ist?« Joachim will sich die Sache überlegen und ruft mich dann gleich an, um mich um Rat zu fragen.

So richtig begeistert bin ich von solchen Arrangements eigentlich nicht, erkläre ich ihm. »Aber wenn es die Situation für Sie entschärft, lassen Sie sich darauf ein. Sie sollten aber weiterhin daran denken, Grenzen zu setzen, damit sich am Ende nicht dieselbe Konstellation wieder einschleicht, die Sie zuvor hatten.«

Joachim ist einverstanden und hat nun also Gelegenheit, sich ganz normal und ohne Heimlichtuerei mit Stefanie zu treffen. Sie lädt ihn auch zu sich nach Hause ein, wo er sich davon überzeugen kann, dass ihr Freund tatsächlich ausgezogen ist und einen Großteil seiner Sachen bereits mitgenommen hat.

Doch dann kommt das, was ich ehrlich gesagt schon erwartet habe. Bei unserer nächsten Sitzung meint Joachim: »Ach, jetzt wo der ganze Druck raus ist, muss ich sagen: Es ist ja ganz nett mit Stefanie, aber ob ich den Rest meines Lebens mit ihr verbringen möchte, weiß ich nicht so recht …«

Auch aus diesem Grund rate ich meinen Klienten immer, nicht von einer Beziehung direkt in die nächste zu gehen. Man malt sich das Leben mit der/dem Neuen oft viel schöner aus, als es in Wirklichkeit ist, nur weil man aus der alten Beziehung raus will.

Bei Joachim ist der Fall allerdings noch ein wenig anders: Er will nämlich am liebsten in seine alte Beziehung wieder rein. »Ich vermisse meine Frau immer mehr«, sagt er und fängt schon wieder an zu weinen.

Mit viel Verständnis und Einfühlungsvermögen gelingt es mir dann aber, Joachim diesen Zahn zu ziehen. »Wissen Sie«, erkläre ich ihm, »Sie waren nun insgesamt 14 Jahre mit Ihrer Frau zusammen, und der Sex zwischen Ihnen war nie gut. Glauben Sie mir, das wird dann auch in Zukunft nichts mehr.« Aus meiner Sicht verwechselt Joachim zwei Dinge: Petra steht ihm zwar menschlich sehr nahe, aber eine Liebesbeziehung ist für die beiden einfach nicht die richtige Form. Ich denke – und das sage ich ihm auch –, dass er akzeptieren sollte, dass Petra nun gerade dabei ist, sich von ihm freizuschwimmen und sich ein eigenes Leben aufzubauen. Joachim täte gut daran, mit ihr auf jeden Fall auf der freundschaftlichen Ebene zu bleiben und weiterhin ihren Wunsch nach Abstand zu respektieren.

Was das Verhältnis zu Stefanie angeht, so sehe ich zunächst von Joachims Seite gar keinen Handlungsbedarf. Er kann sich einfach weiter mit ihr treffen und beobachten, wie sich seine Gefühle für sie entwickeln. Baut sich da mehr zwischen ihnen auf, oder hat sich die Geschichte in drei Monaten erledigt?

»Vielleicht sollten Sie einfach mal ein Wochenende zusammen wegfahren, irgendwohin, wo es keine Erinnerungen an Petra oder irgendeine andere Frau gibt. Dann werden Sie sicher schon eine bessere Vorstellung davon haben, wohin die Reise gefühlsmäßig zwischen Ihnen beiden geht.«

Joachim findet, das sei eine gute Idee, und fängt gleich an, nach einem schicken Wellness-Hotel an der Ostsee zu recherchieren. Aber eines gebe ich ihm noch mit auf den Weg: »Und wenn das Wochenende auch noch so schön wird – machen Sie keine Pläne für eine gemeinsame Wohnung oder Ähnliches. In den nächsten sechs Monaten sollten Sie die Dinge einfach nur ganz locker laufen lassen – ohne Druck und ohne Stress.«

Nach einigen Monaten erhalte ich von Joachim noch einmal eine E-Mail: »Frau Fauck, ich will Ihnen nur schnell mitteilen, wie gut es mir jetzt geht. Mit Stefanie bin ich nicht mehr zusammen, das hat einfach nicht gepasst. Sie lebt jetzt wieder mit ihrem damaligen Freund zusammen, und die beiden wollen nächstes Frühjahr heiraten. Ich wünsche ihnen wirklich, dass sie miteinander glücklich werden.

Ich selbst habe endlich gemerkt, wie schön es sein kann, Single zu sein. Ich genieße meine Freiheit, unternehme viel mit Freunden und kann endlich einmal so richtig durchatmen – ohne Verpflichtungen und Druck. Ich plane sogar, im nächsten Jahr sechs Monate unbezahlten Urlaub zu nehmen und den Segeltörn um

Neuseeland zu machen, von dem ich schon seit meiner Jugend geträumt habe.

Mit Petra habe ich jetzt wieder mehr Kontakt, was für mich sehr schön und wichtig ist. Sie hat einen neuen Partner gefunden und vertraut mir sogar hin und wieder ihre Beziehungsprobleme an. Aber Sie hatten Recht: Zwischen uns ist sehr viel Nähe, auch intellektuell, doch der entscheidende Funke für eine Liebesbeziehung fehlte einfach.«

Meine Einschätzung zu dieser Geschichte

Von Joachim weiß ich, dass er bereits im Alter von acht Jahren seinen Vater verloren hat. Dieses einschneidende Erlebnis löste bei ihm ein Trauma aus, sodass es ihm in der Folge immer sehr, sehr schwer fiel, einen geliebten Menschen loszulassen. Auch mag die fehlende Vaterfigur die Ursache dafür sein, dass Joachim große Schwierigkeiten damit hat, Entscheidungen zu treffen. In vielen Situationen in seinem Leben hat er so lange gehadert, bis schließlich andere Menschen für ihn entschieden haben.

Durch das Coaching hat Joachim diese beiden Themen für sich intensiv bearbeitet. In dieser Hinsicht kann ich ihn nur jedem Mann als Rollenvorbild empfehlen. Er hat sich mit sich und seinen Gefühlen wirklich auseinandergesetzt. Viele andere Männer hätten sich in dieser Situation in eine Opferhaltung geflüchtet und den beteiligten Frauen die Schuld für die Misere in die Schuhe geschoben. Joachim hat hingegen damit angefangen, »vor der eigenen Tür zu kehren«, und er hat zu keinem Zeitpunkt den Respekt vor seiner Ehefrau oder seiner Freundin verloren. Im Grunde sind das die Männer, die wir Frauen uns wünschen!

Übrigens finde ich, dass Petra ebenfalls alles richtig gemacht hat! Als es ihr mit den Affären ihres Mannes zu viel wurde (denn selbst wenn sie keine sexuellen Gefühle mehr für ihn hatte, kann sie das Fremdgehen des Ehemannes ja als verletzend empfinden), hat sie die Konsequenzen gezogen und sich von ihm getrennt. So konnte sie über ihre eigenen Gefühle mehr Klarheit gewinnen, und gleichzeitig hat sie Joachim die Gelegenheit gegeben, herauszufinden, was er will. Am Ende musste sich weder sie noch er irgendwie als »Verlierer« der Beziehung fühlen – was bei Trennungen sonst häufig der Fall ist.

Männern, die sich in einer ähnlichen Situation befinden wie Joachim, rate ich:

- Wenn die Sexualität in Ihrer Partnerschaft noch nie gut war, wird sich das aller Wahrscheinlichkeit nach auch nicht ändern. Wo sollte das aus heiterem Himmel auch herkommen? Einer Ehe oder Lebenspartnerschaft ohne Sex fehlt allerdings eine wichtige Grundlage. Häufig will einer der beiden Partner (oder auch beide) dann nach 10 oder 15 Jahren noch einmal »etwas erleben« und bricht aus. Die Verletzungen sind hier vorprogrammiert. Sie sollten sich deshalb überlegen, ob es nicht ohnehin für alle Beteiligten besser wäre, sich zu trennen.
- Wenn Sie Ihre Partnerin immer wieder mit anderen Frauen betrügen, sollten Sie sich außerdem fragen, welche Funktion Ihre Seitensprünge eigentlich erfüllen. Sind Sie in der Midlife Crisis? Haben Sie das Gefühl, sexuell etwas verpasst zu haben? Wollen Sie im Grunde aus Ihrer Beziehung raus und trauen sich nicht, es Ihrer Partnerin zu sagen? Welche Bedeutung hat Ihre Beziehung/Ehe eigentlich in Ihrem Leben? Denken Sie, dass Ihre Partnerin mit Ihnen glücklich ist? Besprechen Sie diese Fragen mit einem Coach oder einer anderen Person Ihres Vertrauens und ziehen Sie die Konsequenzen daraus. Das kann bedeuten, in der Beziehung einen neuen Anfang zu wagen – oder sich zu trennen. Einfach so weiterzumachen wie jetzt ist aber wohl weder für Sie noch für Ihre Partnerin eine befriedigende Lösung.

— * —

Mann zwischen zwei Frauen

»Ich bin einfach nicht bereit für eine Trennung« – Jens' & Elisabeths Geschichte

Meine Klientin Elisabeth kommt gar nicht aus Liebeskummer, sondern aus einem ganz anderen Grund in meine Praxis: Sie ist schwanger. Und zwar von einem Mann, dessen heimliche Geliebte sie zehn Jahre lang war, bevor dieser sich endlich von seiner Ehefrau trennte. Eigentlich war die Beziehung nun an einem Punkt angelangt, an dem einer glücklichen Zukunft nichts mehr im Wege steht. Zwar wohnen die beiden nicht zusammen, aber es geht ihnen gut miteinander. Und nun das!

Elisabeth ist fast 40 und ihr Freund noch wesentlich älter als sie, ein Kind ist im Leben der beiden eigentlich nicht eingeplant. Letztlich überlässt der Freund ihr die Entscheidung. »Was immer du tun wirst, es wird das Richtige sein«, lässt er sie wissen – und schiebt ihr damit natürlich auch die ganze Verantwortung zu. In den Gesprächen mit mir kommt Elisabeth zu dem Schluss, die Schwangerschaft abzubrechen. Es scheint ihr das Beste für alle Beteiligten zu sein.

Rund ein Jahr später fährt Elisabeth zu einem Klassentreffen, wo sie ihre große Jugendliebe Jens wiedertrifft. Mit ihm war sie bis zum Abitur fest liiert, hatte ihn damals jedoch verlassen, nachdem sie zum Studium in eine andere Stadt gegangen war. Als sie ihn auf dem Klassentreffen wiedersieht, wird ihr nach all den Jahren plötzlich bewusst, dass sie nach dieser Beziehung nie wieder mit einem Partner so richtig Spaß im Bett hatte. Und eine weitere Sache wird ihr schnell klar: Es besteht noch immer eine große Anziehungskraft zwischen den beiden.

Kaum haben sie sich von den ehemaligen Klassenkameraden losgeeist, sitzen sie bereits knutschend im Auto. Beide wissen, dass sie sich unbedingt wiedersehen müssen. Die ganze Geschichte hat nur einen Haken: Jens ist verheiratet, seine Frau und er haben eine Tochter, das zweite Kind wird in wenigen Wochen erwartet. Aber auch diese Umstände halten ihn und Elisabeth nicht davon ab, in eine stürmische Affäre zu schlittern, aus der schon nach wenigen Treffen mehr zu werden verspricht. Elisabeth macht daher kurzentschlossen Nägel mit Köpfen und trennt sich von ihrem langjährigen Partner.

Drei Monate später sieht für sie und Jens jedoch alles ganz anders aus: Elisabeth ist in der 6. Woche schwanger. Was nun? Sie ist mittlerweile fast 42, er hat eine hochschwangere Ehefrau zu Hause – Elisabeth ist vollkommen fertig mit den Nerven. Jens reagiert auf die Situation so, wie ein Mann reagiert, wenn er Angst hat, selbst zu handeln. Er spielt der Frau den Ball zu: »Wie du dich auch entscheiden wirst, es wird die richtige Entscheidung sein.« Elisabeth kommt das Ganze vor wie ein Déjà-vu. Andererseits lässt Jens keinen Zweifel daran, dass er mit ihr zusammen sein will. »Mit Kind oder ohne, wir beide werden ein Paar«, versichert er.

Elisabeth fällt die Entscheidung diesmal noch schwerer als beim letzten Mal. Sie liebt diesen Mann, mit ihm könnte sie sich tatsächlich ein gemeinsames Kind vorstellen. Andererseits sind Schwangerschaft und Entbindung in ihrem Alter nicht ganz ohne Risiko und – ach ja: Jens wird ohnehin in einem Monat wieder Vater. Wie wird man dem eigenen Kind eines Tages erklären können, dass der Bruder oder die Schwester nur sieben Monate älter ist?

Jens versucht, Elisabeth in dieser Phase zu beruhigen. Sie könnten auch später noch ein Kind zusammen haben, wenn zwischen ihm und seiner Frau erst einmal alles geklärt und der Weg in eine richtige Beziehung mit Elisabeth geebnet sei. Aus Vernunftgründen entscheidet Elisabeth sich schließlich gegen das Kind, wenngleich sie sehr darunter leidet.

In den folgenden Wochen treffen sie und Jens sich, wann und wo immer es möglich ist. Selbst Autobahnraststätten müssen das eine oder andere Mal als romantische Kulisse herhalten. Parallel treffen sie heimliche Vorbereitungen für die »Stunde Null«, den Moment, nachdem Jens seiner Frau gebeichtet hat, dass er die Trennung will.

Elisabeth solle doch schon mal ein Haus für die beiden suchen. Natürlich müsse es in Hannover sein, wo sich auch die gut laufende Kanzlei von Jens befindet. Und natürlich groß genug, dass seine Kinder oft zu Besuch kommen könnten. Ansonsten habe sie aber ganz freie Hand. Elisabeth ist einverstanden und studiert eifrig den Immobilienteil der Tageszeitung. Hin und wieder trifft sie sich inzwischen sogar mit Jens' Vater, der sie noch aus der Oberstufenzeit kennt und hocherfreut ist, dass sie nun offenbar wieder zum engeren Familienkreis gehört.

In dieser Phase beginnt auch Jens, meinen Rat zu suchen. Er wisse einfach nicht, wie er zu Hause den Absprung schaffen soll, klagt er. Er könne es nicht übers Herz bringen, seine Frau zu verletzen, schon gar nicht in ihrem derzeitigen Zustand. Auch wenn er sie nicht mehr liebe, habe sie ihm schließlich nichts Böses getan. Er wisse gar nicht, wie sie ohne ihn zurechtkommen soll, sie sei doch vollkommen auf ihn angewiesen. – Eine Illusion, der sich übrigens sehr, sehr viele Männer gern hingeben, das sei an dieser Stelle angemerkt.

Jens bringt in unseren telefonischen Coachingsitzungen so viele Bedenken hervor, dass ich mich schon bei dem Gedanken ertappe: Holla, die Waldfee, ob der sich wohl wirklich von seiner Frau trennen wird? Aber jedes Mal überzeugt er mich anschließend wieder vom Gegenteil. »Sie ist meine große Liebe, wir gehören zueinander, für mich ist in diesem Punkt keine, aber wirklich überhaupt keine Frage offen«, so eine seiner Aussagen, die ich noch wörtlich im Ohr habe.

Das zweite Kind ist inzwischen auf der Welt, und Jens plagt sich mit dem Gedanken herum, was er tun soll, wenn seine Frau nun wieder einigermaßen fit ist und Sex mit ihm haben möchte. Er könne das nicht, meint er, das ginge jetzt nur noch mit Elisabeth. Ein Zeichen übrigens, das darauf hinweist, dass es ihm wirklich ernst mit ihr ist.

Doch trotzdem will die ganze Geschichte sich nicht so recht weiterentwickeln. Elisabeth schlägt ein Haus nach dem anderen vor, aber immer hat er irgendetwas daran auszusetzen. Je länger sich die Sache hinzieht, desto öfter sagt er Verabredungen mit irgendwelchen fadenscheinigen Begründungen ab. Die Kinder seien krank, seiner Frau ginge es nicht gut, die Kanzlei läuft gerade schlecht, oder das Auto ist in der Werkstatt. Nach und nach bleiben die Antworten auf ihre SMS immer länger aus, und die Telefonate werden seltener.

Elisabeth versteht die Welt nicht mehr, sie will nun doch langsam wissen, was Sache ist, und sucht umso mehr Kontakt zu Jens. Darauf reagiert er jedoch mit totaler Entrüstung. Wie sie ihn so unter Druck setzen kann, will er beleidigt wissen. Schließlich stellt Elisabeth ihm ein Ultimatum: Bis zu dem Termin, an dem ihr gemeinsames Baby geboren worden wäre, soll Jens zu Hause reinen Tisch gemacht haben.

Jens stürzt diese Ankündigung in größte Not. Noch einmal führen wir ein langes Telefonat, bei dem herauskommt, dass er zu einer Trennung von seiner Familie einfach nicht bereit ist. In den letzten Wochen hätte er gemerkt, wie sehr er seine Frau schätzt. Auch sei er selbst ein Scheidungskind und wolle seinen eigenen Kindern diese psychische Belastung ersparen. »Als wir geheiratet haben, haben wir doch auch Verantwortung füreinander übernommen«, sagt er. »Ich kann dieses Versprechen, das eine Ehe für mich bedeutet, einfach nicht auf diese Weise brechen.« Und was für ihn noch hinzukommt, sind die Bedenken, dass eine Scheidung negative Folgen für seine Kanzlei mit sich bringen würde. Er könne seinen Klienten in dem beschaulichen Hannoveraner Stadtteil ja nicht mehr gegenübertreten, wenn diese mitbekämen, dass er seine Frau wegen einer anderen verlassen habe, noch dazu kurz nach der Geburt des Babys. Gleichzeitig bleibt er dabei, dass Elisabeth seine wahre Liebe ist. Er ist vollkommen hilflos in diesem Dilemma.

Wenige Tage später teilt er Elisabeth dann mit, dass er die Beziehung zu ihr beenden will. Sie ist am Boden zerstört. Sie liebt Jens noch immer und kann sich überhaupt nicht erklären, wie er plötzlich so massive Zweifel an ihrer gemeinsamen Liebe haben kann. Er war es schließlich gewesen, der immer wieder betont hatte, dass sie zusammengehörten. In den folgenden Monaten schwankt sie zwischen Verzweiflung, Wut und Trauer. Es kostet sie ungeheure Anstrengung, bis sie wieder ein einigermaßen normales Leben führen kann. Selbst ein Jahr nach der Trennung von Jens weiß sie noch nicht, ob sie jemals wieder eine Beziehung eingehen und einem Mann wirklich vertrauen kann.

Meine Einschätzung zu dieser Geschichte

Ich hatte am Anfang dieses Buches gesagt: Die Männer sind weitaus besser als ihr Ruf. In diesem Fall trifft das nur bedingt zu. Typisch Mann, muss ich hier wieder einmal konstatieren: Nicht in der Lage, eine Entscheidung zu treffen und dafür die Verantwortung zu übernehmen.

Aber gleichzeitig muss ich Jens auch ein wenig in Schutz nehmen. Er hat die Situation, in die er sich selbst hineinlaviert hat, keineswegs auf die leichte Schulter genommen. Beiden Frauen gegenüber hatte er permanent ein schlechtes Gewissen, und ich habe keinen Zweifel daran, dass er zunächst tatsächlich noch geglaubt hat, er würde sich von seiner Frau trennen. Denn immer wieder beteuerte er in unseren Gesprächen, dass er Elisabeth über alles liebe. Trotzdem hat er sich ihr gegenüber zeitweise nicht sehr respektvoll verhalten. Er ist ein typischer Mann mit Angst vor Konfliktsituationen – lieber lässt er sich zehnmal am Telefon verleugnen, anstatt einmal ehrlich über den Zustand seiner Gefühle zu sprechen. Das hätte für Elisabeth vieles erklärt und auch für Jens selbst die Situation eher erleichtert als verschärft.

Was Elisabeth angeht, so hat mich wieder einmal besonders erschüttert, dass Frauen die Schuld für eine gescheiterte Beziehung meistens in erster Linie bei sich selbst suchen – und wenn sie von ihrem Partner noch so schlecht behandelt werden.

Nach Abschluss unserer Sitzungen schrieb Elisabeth mir noch eine E-Mail: »Ich schäme mich dafür, eine hochschwangere Frau und Mutter eines wunderschönen Kindes betrogen zu haben. Ich fand mein Verhalten bereits entsetzlich, während ich es tat. Ich kann nicht sagen, dass Jens ein Scheißkerl ist, denn ich selbst habe meinen Part auch nicht gerade bravourös gemeistert.«

Männern, die sich in einer ähnlichen Situation befinden wie Jens, rate ich:

- Schieben Sie es nicht auf die lange Bank, Ihrer bisherigen Partnerin die Wahrheit zu sagen. Auch dann nicht, wenn sie schwanger ist oder gerade ein Kind zur Welt gebracht hat. Frauen halten sehr viel mehr aus, als die meisten (und vor allem die eigenen)

Männer denken. Im Nachhinein schätzen Frauen es mehr, wenn ein Mann wenigstens ehrlich zu ihnen war, statt dass sie zu ihrem vermeintlichen Schutz monate- oder jahrelang betrogen und belogen werden. Ich denke, in Wirklichkeit ist es die Feigheit der Männer und nicht die angebliche Schwäche der Frauen, wenn ein Mann seiner Frau nicht die Wahrheit darüber sagt, dass er sie betrügt.

- Wenn es Ihnen mit ihrer neuen Geliebten nicht ernst ist, dann sagen Sie das auch, und machen Sie ihr keine Versprechungen, von denen Sie bereits im Vorhinein wissen, dass Sie sie nicht halten werden. Sie geben der Frau damit auch die Möglichkeit, sich zu überlegen: Will ich so ein Verhältnis oder nicht?
- Sind Sie sich Ihrer eigenen Gefühle nicht sicher, dann sprechen Sie auch darüber mit Ihrer Geliebten (und bestenfalls auch mit Ihrer Frau). Erbitten Sie zum Beispiel Bedenkzeit, um die Situation für sich zu klären, aber lassen Sie die Dinge nicht einfach so weiterlaufen in der Hoffnung, alles würde sich schon irgendwie von selbst regeln. Die wenigsten Dinge im Leben regeln sich von selbst, für Liebesdinge gilt das in besonderem Maße.
- Wenn Sie für Ihre Ehefrau keine Liebesgefühle mehr haben, sollten Sie – ob nun mit neuer Partnerin oder ohne – unbedingt über eine Trennung nachdenken. Viele Männer glauben, wenn Sie nur genug guten Willen mitbringen, wird der gemeinsame Alltag sie schon irgendwie wieder mit der Ehefrau zusammenbringen. Das trifft aber leider in den seltensten Fällen zu. Fragen Sie sich, was aus Ihnen wird, wenn Sie die nächsten Jahrzehnte still leidend an der Seite einer Frau verbringen, die Sie nicht mehr lieben und nicht mehr begehren. Viele Männer, die so leben, werden über kurz oder lang schwer krank. Denn Männer brauchen die Liebe genauso sehr wie Frauen. Nur mögen sie oftmals gleichzeitig keine Veränderungen. Deshalb sind Männer häufig mit einer Ehe ohne Sex zufrieden. »Wir haben uns arrangiert«, heißt es dann gern beschönigend. Wenn dann doch mal wieder die Liebe zuschlägt, glänzen Männer vor Glück und trauern um die verlorene Zeit ohne Zuneigung. Häufig kommen sie dann in meine Praxis, um die Wut über sich selbst aufzuarbeiten und ihre neue Beziehung damit nicht zu belasten.

Der Mann, der sich nicht traut – Angst vor Veränderung

»Ich halte es mit meiner Frau einfach nicht mehr aus« – Bodos Geschichte

Als Bodo meine Praxis betritt, steht ihm das schlechte Gewissen schon ins Gesicht geschrieben. Dabei betrügt er, wie sich sogleich herausstellt, weder seine Frau, noch hat er sich sonst etwas zu Schulden kommen lassen – außer, dass er es überhaupt wagt, sich mir gegenüber zu offenbaren.

Bodo erzählt mir, er sei seit fast 30 Jahren verheiratet. Gemeinsam mit seiner Frau Brigitte führt er ein Feinkostgeschäft, das sie von ihren Eltern übernommen hat. Mit viel Herzblut und Energie haben Bodo und Brigitte den kleinen Laden zum Laufen gebracht, jetzt kommen sie einigermaßen über die Runden.

»Und warum kommen Sie nun zu mir?«, frage ich ihn. »Ich liebe meine Frau nicht mehr, aber ich weiß nicht, wie ich mich von ihr trennen soll«, lautet seine Antwort.

Nichts leichter als das, denke ich zuerst noch, aber dann beginne ich zu verstehen, was Bodo eigentlich damit meint. Obwohl er glaubt, dass Brigitte ihn im Grunde auch nicht mehr liebt, ist sie fast schon krankhaft eifersüchtig. Bodo kann kein Telefonat führen und keine Verabredung machen, ohne dass seine Frau über alles einen genauen Report verlangt. Von Geldausgaben ganz zu schweigen. Deshalb fragt er mich auch, ob ich vielleicht »Wein-Retour« auf meine Rechnung setzen könnte, damit Brigitte nicht mitbekommt, wofür er das Geld in Wirklichkeit benötigt.

Permanent fühlt Bodo sich von ihr unter Druck gesetzt – und gleichzeitig ist er finanziell von ihr abhängig. Zwar hat er vor 30 Jahren ein VWL- und Soziologiestudium absolviert, ist dann aber mit ins Geschäft eingestiegen. So hat er also niemals in seinem Beruf gearbeitet und würde mit Anfang 50 wohl auch keinen Job mehr darin finden.

Das Geschäft läuft auf Brigittes Namen, und es wurde weder bei der Eheschließung noch irgendwann später zugunsten von Bodo etwas schriftlich festgelegt. »Ich würde ganz und gar ohne

Geld und ohne Absicherung dastehen, wenn wir uns scheiden ließen«, meint er.

Bereits seit Jahren denkt Bodo darüber nach, seiner Frau eine Trennung vorzuschlagen, aber dann schreckt er immer wieder vor dem Donnerwetter zurück, das dann mit Sicherheit losbrechen würde. Jetzt habe der Arzt aber ein Magengeschwür bei ihm festgestellt, erzählt er, deshalb habe er sich entschlossen, mich aufzusuchen und irgendetwas zu verändern.

In unseren Gesprächen stellt sich heraus, dass die Szene, die Brigitte ihm machen würde, nur vorgeschoben ist – in Wirklichkeit hat Bodo noch größere Angst vor dem Alleinsein. Jahrein, jahraus leben die beiden in einer Routine, ohne die Bodo sich sein Leben gar nicht mehr vorstellen kann. Überhaupt hat er noch nie allein gelebt, er weiß gar nicht, wie das ist. Vielleicht würde er den Schritt dann bereuen und könnte ihn nicht mehr rückgängig machen.

Auch hängt Bodo sehr an dem Ferienhaus in der Toskana, in das das Paar mindestens zweimal im Jahr fährt. Aber gleichzeitig hält er die ewige Nörgelei, die Kontrolle und die stummen Vorwürfe von Brigitte einfach nicht mehr aus.

Vor drei Jahren, so erzählt Bodo mir eines Tages, habe er mal eine Affäre mit der Ärztin gehabt, zu der er damals sehr oft wegen seiner chronischen Magenbeschwerden gegangen sei. Nach drei oder vier Treffen habe er aber solche Alpträume gehabt, dass Brigitte ihm auf die Schliche kommen würde, dass er ein einziges Nervenbündel geworden sei. Deshalb habe er die Geschichte beendet und sei fortan zu einem männlichen Kollegen zur Untersuchung gegangen. Dabei sei er damals schon ganz schön verschossen gewesen, merkt er an, und vielleicht hätte auch für die Ärztin mehr daraus werden können.

Nachdem es damit aber zu Ende war, habe er sich fest vorgenommen, sich Brigitte wieder mehr anzunähern und die Beziehung in eine positivere Bahn zu lenken. Der Versuch sei jedoch nach vier Wochen kläglich gescheitert. Wenn er einmal Blumen für sie mit nach Hause brachte, wurde sie umso misstrauischer und spionierte ihm noch mehr hinterher, als sie es sowieso schon tat. Und wenn er vorschlug, mal etwas Besonderes zu unternehmen, in die Oper zu gehen beispielsweise oder zu einem romantischen Candlelight Dinner in ein schickes Restaurant, dann tat sie das ab als Spinnerei, die bloß Geld kostete. Sex hatten die beiden schon seit zehn Jahren nicht mehr gehabt, daran war auch jetzt nicht zu denken.

Inzwischen sei er an dem Punkt, dass er Brigitte gegenüber solche Aggressionen habe, dass er sich Mühe geben müsse, sie nicht permanent wegen jeder Kleinigkeit anzuschnauzen. Neulich habe er sich sogar dabei ertappt, dass er ihr am liebsten eine geknallt hätte, gibt er mir gegenüber zu. Ich sehe ihm an, wie peinlich es ihm ist, dass er solche Gedanken hegt, wo er sich doch eigentlich für einen niveauvollen, kultivierten Mann hält und nicht für einen Schlägertypen.

Bereits als ich ihn das erste Mal sehe, weiß ich: Für diesen Mann gibt es nur eine Richtung und die heißt: raus aus dieser Beziehung. Aus Erfahrung weiß ich jedoch auch: So eine Botschaft kann man einem solchen Mann nicht einfach in der ersten Sitzung »vor den Koffer knallen« – denn dann war er das erste und das letzte Mal bei mir und wird weitere zwei oder drei Jahre brauchen, bevor er einen neuen Versuch startet, sich zu befreien. Also führe ich ihn behutsam an den Gedanken heran, dass es auch für ihn noch ein Leben außerhalb der Ehe geben kann.

Ein guter Weg, sich einen ersten eigenen Freiraum aufzubauen, besteht darin, ein neues Hobby anzufangen. Das muss überhaupt nichts Kostspieliges sein, erkläre ich Bodo, und mache ihm einige Vorschläge. Er entscheidet sich für Lauftraining in einer Laufgruppe und schafft es, sich hier gegen Brigittes Widerstände durchzusetzen und regelmäßig zum Training zu gehen. Schnell merkt er, dass er seine Aggressionen dadurch auch viel besser in den Griff bekommt.

Dann gehe ich mit Bodo einen zweiten Schritt an: Ich schicke ihn zu einem Anwalt. »Informieren Sie sich doch erst einmal«, ermuntere ich ihn. »Vielleicht sieht es für Sie finanziell gar nicht so schlecht aus, wie Sie befürchten. Immerhin sind Sie schon so lange verheiratet, Sie haben keinen Ehevertrag, das heißt aber nicht, dass Sie zwangsläufig am Ende leer ausgehen.«

Für die Umsetzung dieses Plans braucht Bodo einen langen Anlauf, aber schließlich schafft er es nach zwei Monaten des Haderns wirklich, sich beim Anwalt beraten zu lassen – und zwar tatsächlich mit einem besseren Ergebnis als erwartet. Immerhin hat er dreißig Jahre lang durch seine Mitarbeit dazu beigetragen, dass das Geschäft heute einen gewissen Umsatz erwirtschaftet und somit einen Wert darstellt, von dem Brigitte ihm etwas abtreten muss. Natürlich wolle er nicht das Geschäft ruinieren, beschwichtigt er sofort, als er mir von dem Termin berichtet, aber immerhin würde es vielleicht für ein kleines Startguthaben reichen, mit dem er eine Übergangszeit finanzieren könnte.

Von selbst kommt Bodo nun sogar darauf, sich ein wenig nach neuen beruflichen Möglichkeiten umzuschauen. Immerhin hat er über all die Jahre eine ganze Menge Know-how in der Lebensmittelbranche gesammelt, das er vielleicht auch in einer anderen Firma einbringen könnte.

Jetzt ist der Moment gekommen, etwas »verwegener« vorzugehen. Ich sage Bodo klipp und klar, dass er auf dem richtigen Weg ist und dass er in seiner Ehe mit 100-prozentiger Sicherheit nicht mehr glücklich werden wird. Ich rate ihm, einen guten Freund ins Vertrauen zu ziehen, bei dem er zur Not ein paar Wochen lang unterkommen kann, wenn er zu Hause die Bombe platzen lässt. Denn dann wird womöglich alles sehr schnell gehen müssen, und Bodo sollte den Moment sorgfältig vorbereiten.

Daraufhin legt Bodo einen Ehrgeiz an den Tag, als wolle er nicht »nur« seine Frau verlassen, sondern als plante er, die Deutsche Bundesbank auszurauben. Er überlegt sich ganz genau, wie, wann und wo er sich Brigitte gegenüber offenbaren wird, versucht ihre Reaktionen genau abzuschätzen und legt sich für jede mögliche Reaktion eine passende Antwort zurecht. Es ist allzu offensichtlich, dass Bodo mit dieser übertriebenen Aktivität seine Angst überspielen will, aber aus meiner Sicht ist in so einer Situation alles besser, als in stumpfe Resignation zu verfallen.

Als Tag X endlich da ist, kommt natürlich alles anders, als Bodo es sich gedacht hat. Schon morgens bahnt sich bei Brigitte eine heftige Grippe an, den ganzen Tag niest und schnieft sie, bis sie schließlich nachmittags schon den Laden verlässt, um sich in der darüber gelegenen Wohnung ins Bett zu legen. Abends kommen dann auch noch unangemeldet Nachbarn zu Besuch, und Bodo ist vollends aus dem Konzept gebracht. Am Ende packt er den heimlich vorbereiteten Koffer mit den wichtigsten Dingen, die er mitnehmen wollte, wieder aus und wartet weitere geschlagene zwei Wochen, bis Brigittes Gesundheitszustand wiederhergestellt ist.

Und dann geht doch alles relativ unspektakulär vonstatten. Bodo teilt Brigitte mit, dass er sie verlassen wird. Sie – wie war es anders zu erwarten – nimmt ihn überhaupt nicht ernst, und erst als er zwei Tage später noch immer nicht nach Hause zurückgekehrt ist, beginnt ihr zu dämmern, dass das Ganze keine fixe Idee sein könnte, sondern das Ende ihrer Ehe.

Bodo findet schließlich einen neuen Job als Angestellter in einem Feinkostgroßhandel und kann jetzt endlich auch finanziell für sich sorgen.

Meine Einschätzung zu dieser Geschichte

Klienten wie Bodo sind für mich ganz schön »harte Brocken«. Selbst wenn sie den ersten Schritt tun und zu mir in die Praxis finden, ist es sehr schwer, ihnen einen Weg aus der jahrzehntelang eingeübten alltäglichen Routine aufzuzeigen. Auch wenn es ein hartes Wort ist: Aus Feigheit finden Männer eine Ausrede nach der anderen, um sich vor sich selbst zu verstecken. Mit allen Mitteln weigern sie sich, die Verantwortung für sich selbst zu übernehmen. Der Weg, den sie einschlagen, ist deshalb auch meist mit sehr vielen Schleifen und Rückschlägen verbunden, die die Geduld eines Coachs schon ganz schön auf die Folter spannen können.

Männern, die sich in einer ähnlichen Situation befinden wie Bodo, rate ich:

- Holen Sie sich unbedingt professionelle Hilfe, sei es beim Arzt Ihres Vertrauens, beim Psychologen oder beim Coach. Es wird Ihnen dadurch leichter fallen, sich über Ihren eigenen seelischen und gesundheitlichen Zustand bewusst zu werden und Ihre ganz persönlichen Wünsche und Ziele – unabhängig von Ihrem Partner – zu finden und zu formulieren.
- Gehen Sie frühzeitig zum Anwalt und lassen Sie sich über Ihre Rechte aufklären. Viele Männer verharren in einer unerträgli-

chen privaten Situation, weil sie glauben, dass bei einer Scheidung sie selbst oder der Partner (oder beide) vor dem Bankrott stehen würden. Unser Rechtssystem ist aber so ausgefeilt, dass es für fast alle Probleme eine Lösung gibt. Die sollten Sie sich wenigstens mal anhören.

- Weit verbreitet ist bei solchen Paaren übrigens, dass ein Partner den anderen quasi »klein hält«, indem er immer wieder betont: »Sei du mal ganz ruhig, wenn du gehst, bekommst du gar nichts!« Das ist meistens eine leere Drohung.
- Suchen Sie sich ein Hobby, das Sie ohne Ihre Partnerin betreiben. Sie werden merken, dass es auch ein Leben jenseits der Beziehung gibt und dass Sie ein eigenständiger Mensch sind. Neue, eigene Kontakte werden auch nach der Trennung von Ihrer Partnerin Gold wert sein!
- Und zum Schluss noch der wichtigste Tipp: Trennen Sie sich unbedingt! Das Alleinsein mag Ihnen schrecklich vorkommen, aber Sie werden feststellen, dass es wesentlich angenehmer ist, als in einer unglücklichen, repressiven Beziehung zu erstarren.

— * —

Der Mann, der sich nicht traut – Angst vor Veränderung

»Wir müssen aufpassen, dass unsere Liebe uns nicht flöten geht« – Friedrichs Geschichte

Friedrich aus Frankfurt am Main ist, was man einen »Mann in den besten Jahren« nennt: um die 50, wohlhabend, gepflegte Erscheinung. Seit 30 Jahren ist er mit seiner Jugendliebe Christa verheiratet, hat mit ihr einen Sohn und eine Tochter. Zu beiden erwachsenen Kindern hat Friedrich ein sehr enges, harmonisches Verhältnis.

In all den Jahren seiner Ehe wollte er, wie er mir erzählt, nur das Beste für seine Frau. Sie war nie erwerbstätig, sondern hat sich um Haushalt und Familie gekümmert. Aus Friedrichs Sicht ist die

Ehe eigentlich immer sehr glücklich gewesen; er hat, sagt er, Christa in 30 Jahren kein einziges Mal betrogen.

Vor zwei Jahren beginnt Christa jedoch, sich zu verändern. Die Kinder sind aus dem Haus, und sie sucht nach Aktivitäten, mit denen sie ihren Alltag ausfüllen könnte. Zunächst belegt sie eine Reihe von Yoga-Kursen, dann entwickelt sie sich mehr und mehr in eine esoterische Richtung.

Friedrich hat gegen Christas neue Hobbys nichts einzuwenden. Auch dass die Seminare und Reisen, die sie neuerdings macht, nicht gerade günstig sind, lässt ihn im Wesentlichen kalt. Ein wenig mehr Selbstständigkeit tut Christa sogar ganz gut, denkt er, denn bisher haben sie immer alles zusammen gemacht – vom Urlaub bis zum Unterwäschekauf. Was ihn allerdings schon ein wenig stört, ist, dass sie jetzt immer seltener mit ihm ins Bett gehen will. Mehrere Male sagt sie: »Wir müssen aufpassen, dass unsere Liebe uns nicht flöten geht.« – Im Nachhinein muss Friedrich zugeben, dass es da wohl schon zu spät war.

Zweimal fährt Christa dann zu einer Ayurveda-Kur nach Sri Lanka. Als sie von der zweiten Reise zurückkommt, teilt sie Friedrich mit: Sie habe nun endlich die wahre Liebe gefunden, nämlich – und jetzt halten Sie sich fest! – den 21-jährigen Sohn des Hotelbesitzers auf Sri Lanka! Sie habe vor, sich eine Wohnung in der Nähe zu suchen und auszuziehen. Es sei ja ohnehin klar, dass ihr die Hälfte des Vermögens gehöre, und insofern erwarte sie von ihm monatlich einen Betrag in der und der (beträchtlichen!) Höhe.

Außerdem wolle sie baldmöglichst die Scheidung von Friedrich, damit sie den neuen Freund aus Sri Lanka heiraten könne, sonst habe er hier ja kein dauerhaftes Aufenthaltsrecht.

Friedrich ist sprachlos. Nicht nur, dass Christa sich in einen anderen verliebt hat, dieser Mann ist auch noch deutlich jünger als ihre eigenen Kinder! Christa findet diesen Umstand hingegen überhaupt nicht problematisch und kündigt an, sie werde bei nächster Gelegenheit auch die Kinder darüber in Kenntnis setzen.

Ich muss sagen, nachdem Friedrich mir diese Geschichte erzählt hat, bin ich selbst auch erstmal sprachlos – und das soll schon etwas heißen.

Inzwischen hatte Christa sich tatsächlich eine eigene Wohnung genommen, und Friedrich fühlt sich vollkommen verloren in dem großen Haus, in dem fast jeder Raum noch von ihrer Anwesenheit erfüllt ist: Ihre Malutensilien, ihr Engelaltar und überhaupt all die Dinge, mit denen sie das Haus eingerichtet und dekoriert hat, begegnen ihm, wo er geht und steht.

Um sich abzulenken, lernt Friedrich, der sein Leben lang von Frauen versorgt wurde, nun kochen und backen. So »betüttelt« er nun also die Tochter, die noch zu Hause wohnt. Außerdem hilft er ihr beim Renovieren der Wohnung, die sie demnächst beziehen will. Immerhin: Die Kinder, die Christas neuen Lover inzwischen sogar kennen gelernt haben, sind von der jüngsten Entwicklung ihrer Mutter beide genauso entsetzt wie Friedrich selbst und haben vollstes Verständnis für seinen Kummer.

Gleichzeitig, eröffnet mir Friedrich, hofft er noch immer, dass Christa sich endlich eines Besseren besinnt und zu ihm zurückkehrt. Um nicht ganz den Kontakt zu ihr zu verlieren, lädt er sie alle paar Wochen zum Essen ein und erträgt es sogar, sich ihre Geschichten aus Sri Lanka anzuhören. Noch dazu hat er sich bereit erklärt, seiner eigenen Mutter gegenüber nichts von der ganzen Sache zu erwähnen, die im Altenheim lebt und regelmäßig fragt: »Wann kommt denn Christa mal wieder vorbei?«

Meine Aufgabe ist es nun, Friedrich schonend beizubringen, dass es sein kann – und ich halte es sogar für sehr wahrscheinlich –, dass seine Frau nicht mehr zu ihm zurückkehren wird. Selbst wenn die Beziehung mit dem jungen Mann aus Sri Lanka irgendwann beendet ist, heißt das noch lange nicht, dass Christa ihr altes Leben zurückhaben möchte.

Meine Bemühungen in unseren Sitzungen zielen nun vor allem darauf ab, dass Friedrich erst einmal wieder zu sich selbst findet. Er hat sein Leben seiner Familie gewidmet, die nun, da nicht nur die Kinder, sondern auch die Frau aus dem Haus sind, nicht mehr existiert. Es ist zwar verständlich, dass er das Gefühl hat, versagt zu haben, umso wichtiger ist es jetzt aber, den Fokus auf das zu lenken, was er in seinem Leben alles erreicht hat: eine glänzende Karriere, ansehnlicher Wohlstand, zwei wunderbare

Kinder, die ihn lieben und zu ihm stehen – um nur einige Aspekte zu nennen.

Doch nach sechs Sitzungen bei mir stellt Friedrich fest, dass er einfach noch nicht bereit ist, seine Vergangenheit loszulassen. Er ist nicht offen für Vorschläge von außen. Selbst dem Ratschlag seiner eigenen Tochter, endlich die im Haus verbliebenen Sachen seiner Frau wegzuräumen, will er nicht folgen. Er will sich selbst nicht überfordern und zunächst zur Ruhe kommen, sich in sich selbst zurückziehen. In dieser Situation kann ich ihn leider nicht weiter unterstützen.

Meine Einschätzung zu dieser Geschichte

Diese Geschichte zeigt wieder einmal: Männer leiden mindestens genauso sehr unter einer Trennung wie Frauen. Klienten, von denen sich die Partnerin nach so langer Zeit trennt, fragen mich oft: Wenn meine Partnerin und ich es schon nicht geschafft haben, wie soll es dann überhaupt möglich sein, dass eine Liebe hält, »bis dass der Tod uns scheidet«? Diese Frage ist sicher berechtigt. Es ist nicht leicht, eine Beziehung über mehrere Jahrzehnte hinweg lebendig zu halten.

Friedrich und Christa haben aus meiner Sicht einen entscheidenden Moment verpasst. Mit den Kindern zusammen ist auch Christa quasi erwachsen geworden. Während sie sich verändern wollte, ist Friedrich dort stehengeblieben, wo er gerade stand. Er wollte überhaupt keine Veränderung, er wollte sein altes Leben wiederhaben, er will es noch immer. Hier wäre es nötig gewesen, die Entwicklung rechtzeitig zu erkennen, das Gespräch zu suchen und gemeinsam den neuen Weg in die Zukunft einzuschlagen. Das ist allerdings leichter gesagt als getan, ein Patentrezept gibt es dafür nicht.

Für Friedrich ist die Beziehung noch immer nicht vorbei. Vermutlich wird er erst in dem Moment akzeptieren können, dass Christa wirklich nicht mehr mit ihm zusammen sein möchte, wenn die Scheidung rechtskräftig ist. Um loslassen zu können, brauchen viele Männer erst diese offizielle Bescheinigung, die gleichsam Fakten schafft.

Männern, die in einer ähnlichen Situation sind wie Friedrich, rate ich:

- Halten Sie nicht um jeden Preis an der Beziehung fest. Jede Trennung braucht ihre Trauerphase, aber irgendwann ist es an der Zeit, den Blick nach vorn zu wagen und das Alte loszulassen. Sie selbst werden spüren, wann Sie die Kraft dazu haben. Wenn Sie im Moment noch nicht loslassen können, sollten Sie trotzdem versuchen, eine »Leidenspause« zu machen, und sich erlauben, das Problem für einen begrenzten Zeitraum wegzuschieben. So kommen Sie zwischendurch mal wieder zum Durchatmen.
- Konzentrieren Sie sich auf sich selbst: Was sind Ihre Stärken? Was haben Sie im Leben an Positivem erreicht? Versuchen Sie, sich selbst einmal von außen zu betrachten – und zwar nicht überkritisch, sondern wohlwollend.
- Machen Sie einen klaren Schnitt, der zeigt, dass jetzt ein neuer Lebensabschnitt beginnt. Richten Sie Ihre Wohnung bzw. Ihr Haus neu ein oder ziehen Sie sogar um. Verändern Sie etwas an Ihrem Äußeren (Kleidung, Brille, Frisur, Figur). Wenn Sie es sich leisten können, erfüllen Sie sich einen Jugendtraum, beispielsweise einen Sportwagen, ein Motorrad, einen Surfurlaub oder Ähnliches.
- Lassen Sie die finanziellen Dinge, die eine Scheidung in der Regel mit sich bringt, von Ihrem Anwalt regeln. Sie brauchen Ihre Kraft jetzt für sich, nicht für die ärgerliche Abwicklung von Formalien.
- Achten Sie darauf, dass Sie regelmäßig unter Leute kommen. Selbst wenn es Ihnen noch so schwer fällt: Verabreden Sie sich mit Ihren Freunden – und sei es nur fürs Kino, zum Skatabend oder zum Fußballgucken. Ich weiß aus eigener Erfahrung, dass es nur ein winziger Schritt ist, von der Trauer in die Einsamkeit abzurutschen. Versuchen Sie, auf sich selbst aufzupassen, und fragen Sie Freunde oder einen neutralen Berater um Rat. Denn selbst verliert man schnell den Blick für den eigenen Zustand.

— * —

Der Mann, der sich nicht traut – Angst vor Veränderung

»Sehen wir als Paar gut zusammen aus?« – Dieters Geschichte

Als Dieter mich kontaktiert, schlägt er mir ein etwas ungewöhnliches Setting vor. Neben telefonischen Coachings mit ihm möchte er gern, dass ich auch seine Geliebte kennen lerne, mit der er seit zwei Jahren ein Verhältnis hat. »Wissen Sie, Frau Fauck, ich bin ja mittlerweile ein bisschen betriebsblind. Ich würde gern von Ihnen wissen: Passt diese Frau eigentlich zu mir? Sehen wir als Paar gut zusammen aus?« Klienten bringen mir zwar häufig Fotos von ihren Partnerinnen oder ihren Geliebten mit, aber so direkt hatte mich noch keiner nach meinem Urteil gefragt.

Da Dieter und seine Freundin aber in Süddeutschland wohnen, lässt er mich mehrfach nach München fliegen, wo wir uns dann zu dritt in einem Lokal am Flughafen treffen.

Dieter ist seit fast 30 Jahren verheiratet und Landtagsabgeordneter eines Wahlkreises in Bayern. Mit seiner Frau hat er zwei erwachsene Söhne. Seine Geliebte, Monika, ist ebenfalls verheiratet und hat drei Kinder im Alter zwischen 9 und 14 Jahren. Kennen gelernt haben sich die beiden bei einer Parteiveranstaltung, inzwischen arbeitet Monika in Dieters Abgeordnetenbüro. In den vergangenen zwei Jahren haben sie sich etwa acht Mal aus Vernunftgründen getrennt – weil sie ihre jeweiligen Ehepartner nicht verletzen wollten und deshalb für ihre Beziehung keine Zukunft sehen. Auch die Tatsache, dass Dieter in der bayerischen Kleinstadt, in der die beiden leben, ein öffentliches Amt bekleidet, lässt ihn vor einer Trennung von seiner Ehefrau zurückschrecken.

Als ich Dieter und Monika das erste Mal treffe, hat sich noch keiner der beiden dem Ehepartner gegenüber offenbart.

Nach unserem ersten Gespräch rate ich ihnen, sich zwei Monate Zeit zu geben, um ihre Beziehung noch einmal abzuwägen und anschließend mit dem Ehepartner über die Situation zu sprechen. Damit erklären sie sich einverstanden.

Bei Dieter platzt die Bombe jedoch schon vor Ablauf dieser

Frist, als seinem ältesten Sohn das Handy seines Vaters mit einer gerade eintreffenden verfänglichen SMS in die Hände fällt. So bleibt Dieter nichts anderes übrig, als seiner Frau die ganze Geschichte zu erzählen.

Monika tut diesen Schritt ihrerseits wie besprochen aus freien Stücken. Sie weiß auch, dass sie ihrem Mann gegenüber nicht länger mit dieser Lüge leben kann. Doch nun sehen sie und Dieter sich vor einem unlösbaren Dilemma. Weder Dieters Frau, die als Leiterin des Kulturzentrums ebenfalls im Ort bekannt und sehr beliebt ist, noch Monikas Mann ziehen aus ihrem neuen Wissen Konsequenzen. Für Dieter und Monika hätte es die Entscheidung für ihre Beziehung sicher wesentlich erleichtert, wenn einer der Ehepartner sich nun seinerseits getrennt hätte.

Am Telefon erzählt Dieter mir, wie sehr er leidet, wenn er mitbekommt, dass seine Frau nachts im Bett neben ihm weint. »Sie ist doch so eine tolle und attraktive Frau, sie hat es wirklich nicht verdient, verlassen zu werden.« Wenn er sich dann um sie kümmere und sie tröste, komme es auch manchmal zu Sex zwischen ihnen – aus lauter schlechtem Gewissen könne er ihr diesen Wunsch einfach nicht abschlagen. Am nächsten Morgen habe er dann allerdings ein schlechtes Gewissen Monika gegenüber. Wie ein Betrüger komme er sich vor, dabei habe er doch nur mit seiner eigenen Ehefrau geschlafen.

Bei Monika ist es in dieser Hinsicht etwas anders. Seit sie mit Dieter zusammen ist, läuft zwischen ihr und ihrem Ehemann im Bett überhaupt nichts mehr. Das sei auch einer der Gründe gewesen, warum sie ihrem Mann schließlich von der Sache erzählen musste.

Sowohl Monika wie auch Dieter können sich eine »richtige«, eine offizielle Beziehung miteinander vorstellen – das versichern sie jedenfalls in unseren Gesprächen. Dass sie sich schon so oft getrennt und dann doch nach wenigen Tagen wieder zueinander gefunden haben, ist sicher ein Beleg dafür, dass es sich zwischen ihnen nicht nur um eine kleine Bettgeschichte handelt.

Doch Monika hat große Sorgen, dass sie ihren Kindern durch eine Trennung das Zuhause wegnimmt. Sie käme sich so egoistisch vor, erklärt sie, wenn sie daran denkt, was für die Kinder an einer Trennung alles dranhinge.

Dieter gibt hingegen offen zu, dass er Angst hat, eine Trennung von seiner Frau und eine neue Beziehung mit seiner eigenen Büroangestellten würde seine Position in den demnächst anstehenden Landtagswahlen gefährden. Als ich das von ihm höre, muss ich schon ein bisschen schlucken – denn diese Aussage bestätigt, was ich Männern schon so manches Mal vorgeworfen habe: Sie lassen sich oft zu stark von ihrem Kopf leiten, anstatt auf ihr Herz zu hören. Monika fühlt sich von dieser Aussage aber keineswegs angegriffen, sie stimmt Dieter in seiner Einschätzung sogar zu.

Auf meine Ermunterung hin sucht Dieter auch das Gespräch mit seinem 80-jährigen Vater. Entgegen größter Bedenken lässt er sich darauf ein und erzählt mir, dass dieses Gespräch ihm wirklich gut getan habe. Doch obwohl der Vater die Lage des Sohnes verstehen kann, rät er ihm, bei seiner Frau zu bleiben. »In unserer Familie«, so betont er Dieter gegenüber, »hat man noch immer sein Wort gehalten, und eine Frau wie Gisela verlässt man nicht einfach so.« Damit spricht er genau das aus, was Dieter in seinem Innersten selbst fühlt. Einmal sagt er mir gegenüber am Telefon sogar: »Gestern hat meine Frau wieder mal so hervorragend gekocht. Ich weiß einfach nicht, was ich tun soll. Vielleicht würde ich das alles doch zu sehr vermissen, wenn ich mich von ihr trennen würde.« Da weiß ich, dass es mit Dieter und Monika nicht mehr lange weitergehen wird …

Tatsächlich entscheiden sich die beiden am Ende gegen eine Trennung von ihren Ehepartnern. Solange Dieters Frau und Monikas Mann die Situation weiterhin dulden, wollen sie an diesem »Arrangement« zunächst nichts verändern. Sind die Landtagswahlen erst einmal überstanden – ob nun erfolgreich oder nicht – kann man diese Entscheidung vielleicht noch einmal überdenken, meinen sie bei unserem letzten Gespräch.

Meine Einschätzung zu dieser Geschichte

Für mich waren Dieter und Monika relativ ungewöhnliche Klienten. Bei ihnen ging es weniger um Liebesleid, Verzweiflung und Trauer als vielmehr um das Abwägen von Argumenten für oder gegen eine Trennung. Meine Rolle war hier die der Moderatorin, die sie durch diesen Prozess leitet.

Dieter habe ich in seiner Ratlosigkeit als vollkommen authentischen Menschen wahrgenommen, der einerseits wirklich niemandem etwas Böses wollte, es aber andererseits nicht schaffte, gegen seine Gefühle für Monika anzukämpfen.

Um die eingangs von Dieter aufgebrachte Frage noch zu beantworten: Ja, er und Monika passen aus meiner Sicht durchaus zueinander. Zwar habe ich seine Ehefrau nie kennen gelernt, aber mit Monika hätte Dieter sich gesellschaftlich ganz sicher nicht ins Abseits begeben. Trotzdem schafft er es nicht, sich von seinem konservativen Lebensstil zu lösen – eine wichtige Erkenntnis, die er aus unseren Gesprächen mitgenommen hat.

Menschen, die sich in einer ähnlichen Situation befinden wie Dieter, rate ich:

- Auch wenn Dieter es nicht getan hat: Ich würde Ihnen sehr wohl zu einer Trennung von Ihrer bisherigen Partnerin raten. Wenn die Beziehung zu einer Geliebten bereits so lange anhält und Sie es trotz mehrfacher Unterbrechung des Verhältnisses nicht schaffen, sich Ihrer Ehefrau oder Lebensgefährtin wieder anzunähern, fehlt Ihnen in der Beziehung offenbar etwas Elementares.
- Auch wenn Sie beruflich in einer hohen oder öffentlich relevanten Position sind, sollten Sie sich für die Karriere nicht um jeden Preis selbst aufgeben. Es haben schon andere Menschen vor Ihnen so etwas unbeschadet überstanden, denken Sie nur an die Trennung von Gerhard und Hiltrud Schröder und die Hochzeit mit Doris Köpf im selben Jahr, nämlich 1997, weniger als ein Jahr vor den Bundestagswahlen.
- Hören Sie auf Ihr Herz. Bedenken Sie vor der Entscheidung, wie Ihr Leben ohne eine lebendige Liebe aussehen wird. Eine funktionierende Familie ersetzt weder Leidenschaft noch eine glückliche Liebesbeziehung. Insbesondere wenn Sie die Frau, die Sie eigentlich lieben, jeden Tag im Büro sehen, ist das Unglück vorprogrammiert. Und das ist noch nicht alles: Männer, die privat unglücklich sind und sich auch aus diesem Grund noch mehr in ihre Arbeit stürzen, sind typische Kandidaten für einen Herzinfarkt, denn sie laufen vor sich selbst und vor ihren Gefühlen weg!

»Ich bin ein einsamer Mann« – Herberts Geschichte

Herbert ruft mich eines Tages an und will mit mir über seine Beziehungsprobleme sprechen. Obwohl er selbst eher in bescheidenen Verhältnissen lebt, besteht er darauf, das Coaching nicht telefonisch zu machen. Stattdessen nimmt er eine lange Anfahrt in Kauf und kommt zu mir nach Hamburg in die Praxis.

Herbert ist 39 Jahre alt und ganz das Gegenteil von dem, was man »flippig« nennen würde. Seit zehn Jahren ist er mit Ulla, einer Sozialpädagogin zusammen, die 300 Kilometer weit von seinem eigenen Wohnort entfernt lebt. Bis vor kurzem hat er sie fast jedes Wochenende besucht, erzählt er, dann seien sie oft wandern gegangen und hatten eine ruhige, harmonische Zeit miteinander. Auch die Urlaube haben sie regelmäßig gemeinsam verbracht.

Seit Neuestem verändert sich die Beziehung jedoch. Ulla hat immer weniger Zeit für Herbert und versteht sich plötzlich mit ihrem Nachbarn so gut, der ein paar Häuser weiter lebt. Jetzt sagt sie oft zu Herbert, sie wolle das Wochenende ohne ihn verbringen. Eines Tages erfährt er dann, dass der Nachbar nun sogar bei ihr im Haus wohnt – und zwar auf derselben Etage wie sie und dass sie die Wohnungen miteinander getauscht haben.

Doch trotz des massiven Verdachts, dass zwischen Ulla und dem Nachbarn schon lange etwas läuft, macht die Freundin keine Anstalten, sich offiziell von Herbert zu trennen. Jede Woche ruft sie ihn mindestens zweimal an und ist interessiert an seinem Leben. Wenn er jedoch vorschlägt, sie am Wochenende zu besuchen, hat sie plötzlich nie mehr Zeit.

Ich rate Herbert, dass er darauf bestehen sollte, wenigstens noch einmal zu Ulla zu fahren, um sich von meiner Theorie zu überzeugen, dass sie und ihr neuer Lover bereits gemeinsam in einer Wohnung leben. Herbert kann sich das zwar nicht vorstellen, folgt aber meinem Rat und kommt um eine Erkenntnis reicher zurück: Tatsächlich weist bei Ulla und ihrem Nachbarn alles auf einen gemeinsamen Hausstand hin.

Nun gilt es, Herbert in unseren Sitzungen aufzubauen und ihm zu helfen, sich von der Beziehung mit Ulla zu lösen. Dazu gehört auch, Möglichkeiten zu finden, die einen klaren Abschluss dieses Lebensabschnitts markieren. So schreibt Herbert beispielsweise einen Brief an Ullas Eltern, mit denen er sich immer gut verstanden hatte, um sich zu verabschieden. Denn mit der Liebesbeziehung gehen in der Regel auch die Beziehungen zur Familie der Partnerin oder des Partners zu Ende.

Außerdem rate ich Herbert auch, etwas an seinem äußeren Erscheinungsbild zu verändern: »Ein neues Outfit und eine neue Brille müssen her!« Diesen Hinweis nimmt er dankbar an.

Nach einiger Zeit ist Herbert tatsächlich soweit, dass er sich vorstellen kann, sich auf jemand Neues einzulassen. Bloß: Wo sollte er schon eine Frau kennen lernen? Er ist so ein extrem zurückhaltender, ja fast schon verschlossener Zeitgenosse, der sich niemals trauen würde, irgendwo gezielt jemanden anzusprechen. Er versucht es zunächst mit einem Single-Kochkurs, aber zwischen all den anderen Leuten fühlt er sich erst recht unsicher und gehemmt.

So kommen wir schließlich auf die Idee, eine Kontaktanzeige für ihn aufzugeben. Ich hatte vor längerer Zeit einmal eine Anzeige aufbewahrt, die sehr ausführlich und sympathisch formuliert war. Dieses Beispiel lege ich Herbert vor und gemeinsam entwickeln wir daraus eine Variante, die zu ihm passt:

»Lediger Mann (39), 1,84 m, schlank, Nichtraucher, freundlich, kunst- und sportinteressiert, ruhiger Zeitgenosse mit Familiensinn sucht dich. Alter? Hmm, 30–40 +/–, zum gemeinsamen Lachen & Leben. Ich bin es leid, allein durchs Leben zu wandern, und möchte die Dinge des Lebens mit dir genießen. Zuschrift bitte nur mit Bild.«

Auf diese Anzeige bekommt Herbert acht Zuschriften, die er zur nächsten Sitzung mitbringt. Gemeinsam schauen wir, welche Frauen ihm vom Bild und vom Stil des Briefes her zusagen. Seine Hausaufgabe ist es nun, eine oder zwei der Frauen zu kontaktieren.

Für Herbert stellt diese Aufgabe eine große Herausforderung dar, aber er fasst sich ein Herz und ruft eine der Damen an. Bei ihr merkt er jedoch schon gleich während des ersten Telefonats, dass sie wohl nicht zueinander passen. Mit der zweiten Kandidatin funktioniert es schon besser. Die beiden verabreden sich, und es kommt es tatsächlich zu einem Treffen. Dann hört er jedoch nie wieder etwas von der Frau.

Sichtlich deprimiert erscheint er zur nächsten Sitzung in meiner Praxis. Auf meinen eindringlichen Rat hin antwortet er dann aber doch noch einer weiteren Frau, obwohl sie ihn auf den ersten Blick überhaupt nicht anspricht. Ines ist Lehrerin, hat zwei Kinder und lebt in derselben Stadt wie er. – Und was soll ich Ihnen sagen? Genau die ist es am Ende, mit der er sich auf Anhieb gut versteht und bis heute zusammen ist!

Ein letztes Mal höre ich von Herbert, als bei ihm eine Urlaubsreise nach Nepal ansteht, die er bereits gebucht hatte, bevor er Ines kennen lernte. Ganz aufgeregt ruft er mich an und sagt: »In fünf Stunden muss ich auf dem Flughafen sein, und ich weiß einfach nicht, ob ich fahren soll oder hierbleiben. Ines kann ja nicht mit, weil sie keine Ferien hat, aber ich habe solche Angst, dass womöglich alles vorbei ist zwischen uns, wenn ich in drei Wochen wiederkomme.«

»Jetzt bleiben Sie mal ruhig, Herbert«, sage ich, »und lassen Sie uns die Dinge mal sortieren.«

In unserem Gespräch kommt dann heraus, dass Ines ihn durchaus ermuntert hat, die Reise anzutreten – mit dem Versprechen, ganz brav auf ihn zu warten.

Nun gibt es mehrere Optionen, die ich ihm aufzähle: Entweder Sie bleiben zu Hause, weil Sie jetzt einfach so verliebt sind und es Ihnen egal ist, das Geld für die Reise in den Wind zu schießen. Oder Sie treten die Reise an, so wie Sie es geplant haben. Denn schließlich werden im Laufe der Beziehung immer wieder solche Situationen auf Sie zukommen, dass Sie und Ines mal für ein paar Tage oder Wochen eigene Wege gehen. Und dann gibt es noch den dritten Weg: Sie können erst einmal losfahren – und sollte sich nach einer Woche herausstellen, dass Sie es in Nepal ohne Ines einfach nicht aushalten, dann pfeifen Sie einfach auf das rausgeworfene Geld und nehmen das nächstbeste Flugzeug nach Hause.

An diese dritte Möglichkeit hatte Herbert noch gar nicht gedacht. Das scheint ihm die beste Lösung zu sein, und so legt er schließlich beruhigt und erleichtert auf.

Am Ende, so erfahre ich später von ihm, verläuft alles wunderbar. Er macht die Reise von Anfang bis Ende mit, und als er nach Hause kommt, steht Ines freudestrahlend am Flughafen, um ihn abzuholen. Inzwischen haben beide eine gemeinsame Wohnung bezogen.

Meine Einschätzung zu dieser Geschichte

Als Herbert das erste Mal zu mir kam, war er vom Leben und von der Liebe vollkommen enttäuscht und frustriert. Er hatte überhaupt kein Selbstvertrauen und hätte niemals gedacht, dass er noch einmal persönliches Glück in einer Beziehung finden könnte. Umso mehr freue ich mich für ihn, dass er es geschafft hat, sich von Ulla zu lösen und aus seiner eigenen Isolation herauszukommen.

Männern, die in einer ähnlichen Situation sind wie Herbert, rate ich:

- Resignation ist kein Weg. Stattdessen gibt es tausend Schritte, die man gehen kann und sollte, um wieder Freude im Leben zu finden.
- In Bezug auf seine »alte« Beziehung hat Herbert genau das Richtige getan, was ich auch jedem anderen raten würde: Wenn Ihre Partnerin sich nicht ganz eindeutig für Sie entscheidet, dann ziehen Sie selbst konsequent den Schlussstrich. Ulla konnte die Beziehung zu Herbert offenbar nicht loslassen, deshalb hat sie ihn so lange noch regelmäßig angerufen. Sie sollten sich in so einem Fall aber nicht zum Spielball der Unentschiedenheit Ihres Gegenübers machen lassen.
- Ich bin eine überzeugte Anhängerin der norddeutschen Redensart »Op jeden Pott passt een Deckel«. Auch wenn Sie als schüchterner Mensch den Frauen gegenüber noch so unsicher und gehemmt sind: Nehmen Sie Kontakt auf. Auch an Ihnen gibt es liebenswerte Seiten, die ein anderer Mensch erkennen und wertschätzen wird. Versuchen Sie, mehr Selbstvertrauen zu gewinnen, dann werden andere auch Vertrauen in Sie haben. Möglichkeiten, eine neue Partnerin kennen zu lernen, sind beispielsweise ein ungezwungener Cluburlaub, eine Kochgruppe oder ein Kurs

an der Volkshochschule. Wenn Sie keine bestehende Gruppe für Ihre Interessen finden, ergreifen Sie selbst die Initiative und suchen Sie per Annonce nach Gleichgesinnten.

— * —

Der einsame Mann

»Mein größter Wunsch ist es, eine Familie zu gründen« – Michaels Geschichte

Michael kommt nicht aus Kummer wegen einer Liebesbeziehung zu mir, sondern aus Kummer wegen *keiner* Liebesbeziehung. Damit ist er in meiner Praxis durchaus kein Exot, im Gegenteil, immer häufiger suchen mich Singles zwischen 30 und 45 auf, die sagen: »Frau Fauck, ich bin noch jung, ich bin beruflich erfolgreich, ich sehe einigermaßen gut aus, aber ich finde einfach nicht die richtige Frau. Ist irgendetwas an mir verkehrt?«

Michael schildert Ihnen seine Geschichte mit seinen eigenen Worten:

»Ich werde dieses Jahr 40 und bin eigentlich ein ganz zufriedener Mensch. Ich bin selbstständig als SAP-Berater, und mein Geschäft läuft so gut, dass ich mir finanziell eigentlich gar keine Sorgen machen muss. In meiner Freizeit gehe ich leidenschaftlich gern ins Kino, ich reise gern, gehe im Winter regelmäßig Skilaufen und interessiere mich für Literatur. Ich sehe vielleicht nicht top aus, aber hässlich bin ich ganz sicher auch nicht. Ich würde mich selbst als sportlich-gepflegte Erscheinung bezeichnen, wenn ich mein Aussehen in wenige Worte packen sollte. Es soll ja auch Frauen geben, denen innere Werte wie Herzlichkeit, Intelligenz oder gute Manieren wichtiger sind als das Aussehen – und da könnte ich durchaus mit der Konkurrenz mithalten.

Soweit ist also alles im Lot. Mein Problem ist allerdings: Ich habe keine Freundin. Und Problem Nummer zwei: Ich hätte gern eine Familie.

An Frauenbekanntschaften mangelt es mir durchaus nicht, aber für die meisten bin ich eben einfach der gute Kumpel, der nette Michael, mit dem man sich so gut unterhalten und der so gut zuhören kann.

In den vergangenen vier, fünf Jahren habe ich das alles noch ganz locker genommen. Ich dachte, irgendwann wird die Richtige schon meinen Weg kreuzen, und dann geht's los ... Bis dahin versuche ich am besten, mir eine schöne Zeit zu machen. Aber dieses Jahr werde ich, wie gesagt, 40. Und – wie ebenfalls schon erwähnt – ich möchte eine Familie. Ich bin auch nicht der Typ, der auf deutlich jüngere Frauen steht, im Gegenteil, ich habe gern ein Gegenüber auf Augenhöhe. Also, Mitte 30 dürfte die ›Auserwählte‹ schon gern sein. Das ist zur Gründung einer Familie ja auch noch okay – nur: Es müsste eben dann auch bald passieren.

Ich muss zugeben, inzwischen bin ich schon ein wenig verkrampft, wenn ich eine Frau kennen lerne, die ich attraktiv finde. Ich stecke da nämlich irgendwie in einem Dilemma. Einerseits weiß ich natürlich, dass man sich erstmal kennen lernen muss, um herauszufinden, ob man gut zueinander passt und sich vorstellen kann, eine feste Beziehung miteinander aufzubauen. Andererseits kann ich es mir sozusagen nicht mehr leisten, zu viel Zeit zu verlieren. Wenn ich mir also vorstelle, ich lasse die Sache langsam angehen und nach einem halben Jahr stellt sich heraus, dass die Frau überhaupt keine Ambitionen in Richtung Kinderkriegen und Familie hat, kann ich im Grunde wieder von vorn anfangen. Auf der anderen Seite: Wer will schon gleich beim zweiten oder dritten Date eine so grundsätzliche Frage vorgesetzt bekommen? Immerhin verstehe ich von Frauen so viel, dass ich weiß, dass man mit dieser Methode fast jede Frau sofort in die Flucht schlägt.

Wenn ich mit Freunden oder Freundinnen über dieses Thema spreche, bekomme ich oft zu hören: ›Mensch, Michael, lass dich doch überhaupt erst einmal auf irgendeine Frau ein, dann entwickelt sich alles andere wahrscheinlich von selbst. Es ist doch auch nicht verboten, einfach ein bisschen Spaß zu haben, selbst wenn nichts Festes daraus werden sollte.‹

Was sie damit meinen, ist, dass ich einfach mal mit einer ins Bett gehen sollte und gucken, was passiert. Ich weiß, das ist gut gemeint, aber dafür bin ich irgendwie nicht der Typ. Nicht dass ich noch nie Sex mit einer Frau hatte. Aber so ein Schürzenjägertum liegt mir einfach nicht. Wenn schon, dann sollte die Geschichte zumindest ein gewisses Potenzial für mehr haben. Ich will nicht ›in der Gegend herumvögeln‹, ich will mich verlieben! Und zwar so richtig.

Nur bin ich mittlerweile schon ziemlich ratlos, wie ich das anstellen soll. Ich habe in letzter Zeit auch schon angefangen, auf Kontaktanzeigen zu antworten, aber im Grunde bringt mich das auch nicht weiter, denn mein Problem besteht ja nicht darin, überhaupt Frauen kennen zu lernen. Um ehrlich zu sein, ich weiß eigentlich selbst nicht, worin mein Problem besteht.«

Meine Einschätzung zu dieser Geschichte

Wie ich eingangs bereits erwähnt habe, kommen häufiger Klienten zu mir in die Praxis, die eine ähnliche Problematik beschreiben. Was für viele dieser Männer den Leidensdruck immer weiter hochschraubt, sind die wachsenden Selbstzweifel. In 95 Prozent der Fälle kann ich hier prinzipiell aber schon mal Entwarnung geben und ihnen versichern: »Es ist mit Ihnen alles in Ordnung! Sie haben einfach noch nicht die richtige Partnerin gefunden, das ist zunächst alles.« Als Allererstes muss aus meiner Sicht aus der ganzen Situation der Druck raus. Zum Glück ist es heutzutage nicht mehr so, dass man sofort die Erstbeste heiraten muss, die man mal geküsst hat. Wir sind also frei, die Dinge ganz entspannt anzugehen und einfach mal zu schauen, was dabei herauskommt, wenn wir zwei, drei Verabredungen hinter uns haben. Aber das ist natürlich leichter gesagt als getan.

Immerhin gibt es ein paar Dinge, die man in Michaels Situation tun kann, um schneller ans Ziel zu gelangen – und natürlich auch Fallen, in die wir dann gern einmal tappen.

Männern, die sich in einer ähnlichen Situation befinden wie Michael, rate ich:

- Kontaktanzeigen sind aus meiner Sicht ein gutes Mittel, um eine neue Partnerin zu finden. Obwohl ich keine große Freundin von Internet-Partnerbörsen bin, bieten sie für Männer wie Michael sicher einen entscheidenden Vorteil: Man kann dort nach ganz bestimmten Auswahlkriterien suchen und seine persönlichen Interessen so darstellen, dass andere gleich wissen, woran sie sind. Wer also schreibt: »Mein größter Wunsch ist es, mit meiner zukünftigen Partnerin eine Familie zu gründen«, dem werden wohl vor allem Frauen antworten, die sich so etwas auch vorstellen können.

- Die Einstellung, man würde Zeit »verlieren«, wenn man sich die Zeit nimmt, sich erst einmal besser kennen zu lernen, um dann womöglich herauszufinden, dass man nicht die gleichen Lebenspläne und -vorstellungen hat, wie es Michael beschreibt, halte ich grundsätzlich für problematisch. Mit so einer Herangehensweise steht man sich lediglich selbst im Weg, denn eine andere Möglichkeit gibt es schlichtweg nicht. Selbst wenn eine Frau von vornherein sagt, dass sie sich ebenfalls eine Familie wünscht, kann es passieren, dass man trotzdem nach ein paar Monaten feststellt: Wir passen einfach nicht zusammen – und zwar aus ganz anderen Gründen. Umgekehrt ist es ja durchaus möglich, dass eine Frau denkt: Eigentlich habe ich mir über das Thema Familie bisher gar nicht so viele Gedanken gemacht, aber mit diesem Mann stimmt einfach alles, mit ihm kann ich mir auch vorstellen, Kinder zu bekommen. Hier gilt die einfache Wahrheit: Wer nicht wagt, der nicht gewinnt. Wir Menschen sind einfach so komplex, dass wir uns gegenseitig nicht bei einem einzigen Treffen vollständig erfassen können. Sie müssen sich schon auf einen anderen Menschen einlassen, wenn Sie eine neue Partnerschaft eingehen wollen.
- Wer so intensiv auf der Suche nach einer potenziellen Partnerin ist, läuft häufig Gefahr, Opfer seiner eigenen festgelegten Vorstellungen zu werden. Männer wie Michael denken so viel darüber nach, wie sie sich ihre zukünftige Beziehung vorstellen, dass sie irgendwann schon ein festes Raster im Kopf haben: Sie sollte so und so und so sein, sie darf auf keinen Fall so und so und so sein. Das führt dann oft dazu, dass schon von vornherein abgeblockt wird, wenn eine Frau auch nur ein einziges Kriterium nicht erfüllt. – Die Liebe hat die Menschen aber schon oft

gelehrt, dass sie in der Lage ist, solche äußeren Kriterien in einem einzigen Moment über den Haufen zu werfen, nämlich dann, wenn der Funke wirklich überspringt! Lassen Sie also einfach mal los und rechnen Sie mit allem – auch mit dem unverhofften Schönen.

- Versuchen Sie einfach mal, aus Ihren eigenen lieb gewonnenen Gewohnheiten herauszukommen. Wenn Sie jedes Jahr mit denselben Freunden in dieselbe Skihütte in Urlaub fahren, dann versuchen Sie es nächstes Jahr mal mit einer Bildungsreise oder einem Cluburlaub – auch wenn Ihnen das vollkommen absurd vorkommt. Wenn es für Sie eine Horrorvorstellung ist, ganz allein auf ein Bier in die Kneipe bei Ihnen um die Ecke zu gehen, tun Sie es trotzdem mal. Sie werden merken, dass es auch dort interessante Menschen gibt, wo Sie sie nicht vermuten würden.

— * —

Der einsame Mann

»Meine Freundin führte Buch über mich« – Karls Geschichte

Karl ist ein sehr gepflegter, äußerst wohlhabender Herr Mitte 70, der bereits seit fast zwei Jahren unter Liebeskummer leidet, als er sich an mich wendet. Karls Ehefrau Grete, mit der er drei Kinder hat, starb im Alter von 55 Jahren an Krebs, Karl war damals gerade 60 geworden. Mit Grete hatte er sehr, sehr glückliche Jahre verbracht, und er litt unter ihrem Tod mehr, als er sich jemals hätte vorstellen können. Auch für seine Kinder war die Zeit nach Gretes Tod nicht einfach, der jüngste Sohn, ein Nachzügler, war zu diesem Zeitpunkt erst 15 Jahre alt.

Sein Rentnerdasein hatte Karl sich früher immer anders vorgestellt. Er hatte sich in trauter Zweisamkeit mit Grete im Garten sitzen sehen, um sie herum lauter kleine wilde Enkelkinder, die sich bereitwillig von den Großeltern verwöhnen ließen – all das hatte sich nun in Luft aufgelöst.

Karl war sportlich immer sehr aktiv gewesen, er spielte Golf und Tennis, liebte Segeln und interessierte sich leidenschaftlich für Fußball. In einem schicken Golfhotel lernt er schließlich drei Jahre nach Gretes Tod eine Frau kennen: Waltraud. Wie der Zufall es will, ist sie ebenso wie er verwitwet und lebt nur wenige Kilometer von Karls Wohnort entfernt.

In Nullkommanichts macht sie es sich zur Aufgabe, Karl wieder aufzurichten und Ordnung in sein Leben zu bringen. Ihm gefällt es auf Anhieb, wie sie sich um ihn kümmert und wie sie die Dinge so selbstverständlich in die Hand nimmt. Nur wenige Monate nach der ersten Begegnung zieht sie in sein großes Haus ein, in dem er in der Nähe von Bremen lebt.

Karls jüngster Sohn, der anders als die älteren Geschwister, noch im Elternhaus wohnt, hat allerdings so seine Schwierigkeiten mit Waltrauds dominantem Auftreten. Karl liebt seine Kinder, aber gleichzeitig ist er so dankbar, dass er in Waltraud eine neue Partnerin gefunden hat, dass er nun fieberhaft nach einer Lösung sucht. Als Waltraud das Wort »Internat« fallen lässt, stößt das bei Karl sofort auf Interesse. »Zum Besten« des Jungen wird dieser im letzten Schuljahr vor dem Abitur schließlich auf ein Elitegymnasium am Bodensee geschickt; somit ist der »Störfaktor« aus dem Weg geräumt.

Doch während Karls Kinder immer weniger Kontakt zu ihrem Vater suchen und auch er sich mehr und mehr von ihnen zurückzieht, gehen Waltrauds Kinder nun im neuen mütterlichen Heim regelmäßig ein und aus. Alle verstehen sich bestens, und Waltrauds Enkelkinder adoptieren den neuen Großvater begeistert. Karls Dankbarkeit wächst, er zeigt dies durch extrem großzügige finanzielle Zuwendungen an Waltraud und ihre »Gefolgschaft«. Waltraud, die selbst eine stattliche Rente von über 3000 Euro bezieht, muss zum gemeinsamen Leben keinen Cent beitragen. Einer ihrer Töchter finanziert Karl sogar ein Grundstück nebst Einfamilienhaus ganz in der Nähe seines eigenen Anwesens. Die Enkelkinder werden mit gut gefüllten Sparbüchern ausgestattet.

Waltraud ihrerseits kümmert sich in den folgenden Jahren vorbildlich um Haus und Garten: Sie kocht, sie putzt, geht einkaufen und hält den großen Garten 100-prozentig auf Vordermann. Während sie auf der körperlichen Ebene eher eine kühle Natur ist, scheint sie ihre Zuneigung in Form von Rundum-Versorgung auszudrücken. Karl soll es recht sein – solange es ihr damit gut geht, ist auch er zufrieden. Zwar bietet er ihr mehrfach an, dass doch eine Haushaltshilfe die lästigen Arbeiten übernehmen könnte, diesen Vorschlag weist Waltraud aber jedes Mal empört zurück. Die Herumpfuscherei einer Putzfrau in den eigenen vier Wänden könne sie nicht ertragen.

Doch während Karl all dies wie ein unerwartetes zweites Lebensglück erscheint, bemerkt er nicht, wie sich Waltrauds vornehme Kühle schleichend in Eiseskälte verwandelt. Gut, sexuell will er sich gar nicht beklagen. Sie sind beide nicht mehr die Jüngsten, die »lendenstarken« Jahre sind ohnehin vorbei. Doch mittlerweile ist an Waltraud überhaupt nicht mehr heranzukommen. Keine seiner freundlichen Gesten – eine kurze Umarmung, ein Kuss auf die Wange oder andere körperliche Annäherungen – wird von ihr in irgendeiner Weise erwidert. Im Rückblick erscheint es ihm sogar, als sei sie dabei regelrecht vor Ablehnung erstarrt.

Stutzig wird er, als er eines Tages ein Notizbuch findet, in dem Waltraud jede einzelne ihrer täglichen Hausfrauen»pflichten« akribisch festhält. »20.09.04: Betten bezogen, eingekauft, Mittagessen gekocht, Wäsche gewaschen und aufgehängt«, lautet beispielsweise ein Eintrag. Oder: »Weil K. Hexenschuss hatte, musste ich SCHON WIEDER den Rasen mähen. Diesen Sommer bereits das 4. Mal!!!«

Karl ist über die Maßen irritiert. Hatte er Waltraud jemals vorgeworfen, sie sei ihren Pflichten nicht nachgekommen? Im Gegenteil hatte sie doch jede Hilfe immer abgelehnt. Er hatte sowieso nie von ihr erwartet, dass sie irgendetwas für ihn tat. Und sie behauptete stets, es bereite ihr Freude, sich um ihn und das Haus zu kümmern. In seinem Kopf arbeitet es auf Hochtouren, aber dennoch bringt er es einfach nicht fertig, Waltraud auf das Notizbuch anzusprechen. Er hasst solche Peinlichkeiten und beschließt, den Mantel vornehmen Schweigens darüber zu decken.

Als Waltraud einige Monate später jedoch allein zur Kur nach Sylt fährt, spitzen die Dinge sich zu. Am Telefon macht sie ihm aus der Luft gegriffene Vorwürfe, er sei knauserig und werde langsam ein seniler alter Tattergreis. Und überhaupt habe sie in der Kur festgestellt, wie gut es ihr täte, endlich mal allein zu sein – ohne ihn und all die Arbeit, die er ihr täglich aufbürde.

Karl versteht die Welt nicht mehr. Größte Selbstzweifel nagen an ihm, die ihren Höhepunkt finden, als Waltraud ihm kurz nach ihrer Rückkehr eröffnet, sie werde sich von ihm trennen und ausziehen. Karl hat diese Information noch kaum begriffen, da ist sie auch schon mit Sack und Pack von dannen gezogen – zu ihrem Kurschatten, wie sich später herausstellt.

Das Merkwürdigste daran ist, dass der Neue offenbar fast zehn Jahre älter ist als Karl, den Waltraud ja kürzlich noch als senilen Tattergreis bezeichnet hatte. Was den ominösen neuen Liebhaber aber in Waltrauds Augen offenbar wesentlich verjüngt, ist sein Bankkonto, das, wie Karl aus informierten Kreisen erfährt, noch besser gefüllt ist als Karls eigenes. Und das soll schon was heißen.

Doch wie schlecht Karl sich nun von Waltraud auch behandelt fühlt – er leidet unter der Trennung. Und wie!

Ein weiteres Mal ist er vollkommen aus der Bahn geworfen und findet überhaupt keine Orientierung in seinem Alltag mehr. Jeden Morgen steht er auf, kleidet sich sorgfältig an und nimmt sich vor, den Tag trotz allem zu genießen und mit Aktivität zu füllen. Doch spätestens bis zum Nachmittag hat er stimmungsmäßig so abgebaut, dass er sich nur noch ins Bett legen möchte und sich wünscht, dass die Zeit, die ihm noch bleibt, möglichst schnell vergeht.

Fast genauso qualvoll wie die akute Wunde, die Waltraud ihm mit ihrem Weggang zugefügt hat, ist der andere Schmerz, den er nach der Trennung zu spüren bekommt: Waltraud verbietet ihren Kindern und Enkelkindern fortan jeden Kontakt zu Karl. So eng das Verhältnis zwischen ihm und ihrer Familie in den vergangenen zehn Jahren geworden ist, so kalt behandeln sie ihn nun. Vor allem die Tochter, deren von Karl gekauftes Grundstück sich in Fußnähe zu seinem befindet, sieht er häufig mit ihren Kindern im Supermarkt oder auf der Straße. Doch sobald die Kinder mit ihm Kontakt aufnehmen, werden sie von ihrer Mutter barsch zurückgepfiffen.

Karl ist vollkommen vor den Kopf geschlagen. Er ist überzeugter Christ und hatte immer an das Gute im Menschen geglaubt.

Waltrauds Verhalten kann er mit seinen humanistisch-moralischen Grundsätzen nicht erfassen. Wie kann ein Mensch so grausam und boshaft sein? Womit hat er diese Behandlung verdient? Was kann er bloß falsch gemacht haben, dass sie ihn in dieser unmenschlichen Weise sitzen lässt?

Nach allem, was Karl für die neue Familie getan hat, ist er nun ein zutiefst einsamer Mann. Jede Sitzung, die er in meiner Praxis verbringt, weint und trauert er unaufhörlich um alles, was er jemals in seinem Leben verloren hat. Immer wieder spricht er darüber, wie sehr es ihm leidtut, seine Kinder damals so schmählich vernachlässigt zu haben. »Ich wollte es doch nur Waltraud recht machen«, sagt er, »heute weiß ich, dass das ein Fehler war.«

Über viele Wochen hinweg arbeiten Karl und ich intensiv daran, seinen Zustand zu stabilisieren und ihm eine neue Lebensperspektive zu eröffnen. »Es ist jetzt wichtig, dass Sie mit Ihren Kindern sprechen«, erkläre ich ihm. »Sagen Sie ihnen, wie es Ihnen geht und dass Sie ihnen gegenüber einen großen Fehler gemacht haben. Lassen Sie sie wissen, dass es Ihnen leidtut, wie Sie sie behandelt haben.«

Karls Kinder reagieren auf die neue Wendung ihres Vaters zwar zunächst zurückhaltend, lassen ihn aber dennoch vorsichtig wieder an ihrem Leben teilhaben. Karls ältester Sohn willigt sogar ein, mit ihm über Ostern ein paar Tage in Urlaub zu fahren, obwohl das bedeutet, dass seine Frau dann die Feiertage allein mit Kind und Hund zu Hause verbringt. Karl weiß diesen Liebesbeweis durchaus zu schätzen. Das erste Mal seit Monaten genießt er ein paar unbeschwerte Stunden.

Bei unserer Arbeit kommt indessen heraus, dass Karl weiterhin oder wieder den Wunsch hegt, seinen Lebensabend gemeinsam mit einer Partnerin zu verbringen. Ich bestärke ihn darin und schlage ihm vor, es entweder über eine Kontaktanzeige oder über eine Partnerbörse im Internet zu versuchen. Sofort beginnt er mit seinen Recherchen.

Zwar hat Karl bisher noch nicht die »Richtige« gefunden, aber gleichwohl ist er frohen Mutes, dass es noch einmal klappen könnte. Ich wünsche es ihm von Herzen.

Meine Einschätzung zu dieser Geschichte

Nach allem, was Karl erlebt hat, bestand für ihn der wichtigste Schritt darin, aus der Opferrolle herauszukommen. Welche Beweggründe Waltraud auch immer gehabt haben mag, sich von ihm zu trennen – ich bin überzeugt, es hatte nichts mit Karls Verhalten zu tun. Sie hat überhaupt keinen Versuch unternommen, ihm mitzuteilen, womit sie konkret unzufrieden ist, und sich stattdessen lauter fadenscheinige Gründe zurechtgelegt. So etwas weist immer darauf hin, dass ein Mensch sich innerlich bereits verabschiedet hat und nur noch darauf aus ist, eine Situation zu provozieren, die eine Trennung rechtfertigt.

In einer neuen Partnerschaft sollte Karl darauf achten, sich nicht bis zur völligen Selbstaufgabe zu verbiegen, um der Freundin zu gefallen. Wenn jemand gegen die Kinder des Partners intrigiert, sollte man schon aufmerksam werden und sich fragen: Ist das wirklich die richtige Frau für mich? Denn wer möchte sich schon zwischen der Partnerin und den eigenen Kindern entscheiden? Dafür gibt es überhaupt keinen vernünftigen Grund.

Männern, die sich in einer ähnlichen Situation befinden wie Karl, rate ich:

- Ruhen Sie sich nicht auf Ihrer Opferrolle aus. Es ist schlimm, dass Sie verlassen wurden, aber dennoch tragen Sie zu jedem Zeitpunkt die Verantwortung für Ihr eigenes Leben. Nicht selten höre ich in meiner Praxis den Satz: »Die Frau hat mein Leben zerstört.« – Sie konnte es nur deshalb zerstören, weil Sie es zugelassen haben. Und: Zögern Sie nicht, es wieder aufzubauen, dafür ist es nie zu spät. Karl ist, wie gesagt, Mitte 70. Nehmen Sie sich ihn zum Vorbild und werden Sie aktiv!
- Machen Sie doch mal eine große Party und laden Sie dazu Verwandte, Nachbarn und Freunde ein – auch die, die Sie vielleicht lange vernachlässigt haben. Wer beispielsweise zu einem netten Grillabend einlädt, wird meistens hinterher auch zurückeingeladen – auf diese Weise kommen Sie unter Leute, nehmen wieder am sozialen Leben teil und lernen vielleicht sogar eine neue Partnerin kennen.

»Ich brauche jetzt jemanden, der zu mir hält« – Max' und Lauras Geschichte

Max ist ein Mann Anfang 40, der mir diese Geschichte erzählt: Über zehn Jahre lang lebte er in einer festen Beziehung mit seiner Freundin Sibylle zusammen. Kurz bevor sie sich kennen lernten, hatte Max ein großes Haus gekauft, und Sibylle hilft ihm fortan mit sehr viel Elan, es zu renovieren und einzurichten. Doch vor zwei Jahren passierte Max etwas, womit er gar nicht gerechnet hatte: Er verliebte sich in Laura, eine verheiratete Frau, die einige Jahre älter ist als er.

Max ist, wie er selbst von sich sagt, nicht der Typ für heimliche Liebschaften. Also spielt er Sibylle gegenüber von Anfang an mit offenen Karten, und die beiden kommen zu dem Schluss, dass es wohl besser wäre, wenn sie sich trennten.

Laura hingegen will, wie sie sich ausdrückt, »auf keinen Fall ihre Ehe aufs Spiel setzen«, und so treffen sie und Max sich auf ihren Wunsch hin immer heimlich – und zwar meistens in seinem Wohnwagen, der einige Kilometer von ihrem Wohnort entfernt ganzjährig auf einem Campingplatz an der Ostsee steht.

Aus Max' Sicht ist dieses Arrangement zwar nicht gerade optimal, aber er lässt sich darauf ein und ist im Großen und Ganzen auch zufrieden mit der Situation. Mit Laura verbindet ihn eine große Leidenschaftlichkeit im Bett, und er ist bereit, dafür den einen oder anderen Kompromiss einzugehen.

Doch dann verändern sich die Lebensumstände von Max schlagartig. Nachdem er sich schon eine ganze Weile gesundheitlich irgendwie unwohl gefühlt hatte, macht er endlich einen Termin beim Arzt und erhält die schockierende Diagnose: Krebs im fortgeschrittenen Stadium. »Ich kann Ihnen nur einen einzigen Ratschlag geben«, teilt der Arzt ihm mit: »Versuchen Sie, in der Zeit, die Ihnen noch bleibt, so gut es geht, Ihr Leben zu genießen.«

Vollkommen betäubt kommt Max vom Arzt nach Hause und lässt die Neuigkeit nach und nach in sein Bewusstsein rieseln. Er ist erst 42 Jahre alt und hat sich über das Sterben noch nicht sehr viele Gedanken gemacht. Zwei Tage später vertraut er sich seiner Schwester an, die eine ehemalige Klientin von mir ist. Die rät ihm, sich an mich zu wenden, um sich darüber klar zu werden, wie er die verbleibende Zeit für sich gestalten möchte.

Als er dann kurz darauf in meiner Praxis erscheint, ist Max sehr gefasst. Er erzählt mir seine Geschichte und wünscht sich von mir ganz konkrete Hilfestellungen, wie er es schaffen kann, Laura von seiner Krankheit zu erzählen und ihr gegenüber seinen größten Wunsch zu formulieren: nämlich, dass er nun möglichst viel Zeit mit ihr verbringen möchte.

Gemeinsam spielen wir die Situation in verschiedenen Variationen durch, und ich merke, wie Max dadurch immer mehr Sicherheit gewinnt und sich die Worte für den »Ernstfall« zurechtlegt. Als er nach 90 Minuten die Praxis verlässt, bin ich überzeugt, dass er die bevorstehende Aufgabe souverän meistern wird und ich vermutlich nichts mehr von ihm höre. Doch die Realität belehrt mich eines Besseren: Zwar gelingt es Max, sich Laura gegenüber zu öffnen und ihr seinen Wunsch nach mehr Nähe und Unterstützung mitzuteilen. Doch die Reaktion fällt anders aus, als ich erwartet hatte: Laura ist zwar sichtlich schockiert und überschlägt sich fast vor Mitleid mit ihrem Geliebten. Aber die Dramatik der Geschichte hat keineswegs zur Folge, dass sie nun vorhat, Knall auf Fall ihren Ehemann zu verlassen. Sie müsse sich das alles erst einmal durch den Kopf gehen lassen, sagt sie, und bittet um Bedenkzeit. – Doch Zeit ist leider das einzige, was Max fehlt. Er sei so enttäuscht, erzählt er mir am Telefon, und ob es nicht möglich wäre, dass ich mal mit Laura spreche, er würde auch die Kosten für die Beratung übernehmen.

»Wissen Sie«, erkläre ich ihm, »das muss Ihre Freundin schon selbst entscheiden. Natürlich kann sie mich gern anrufen und einen Termin mit mir vereinbaren.«

Tatsächlich ruft Laura mich einige Tage später an. Die Beziehung zu Max bedeute ihr sehr viel, räumt sie ein, aber man müsse doch auch ihre Situation verstehen. Sie sei immerhin schon über 20 Jahre mit ihrem Mann verheiratet. So etwas wirft man doch nicht einfach so weg, schließlich müsse sie auch an ihre Altersversorgung denken.

Ich muss es so krass formulieren: Solche egoistischen Klienten erlebe ich in meiner Praxis selten. Ich habe den Eindruck, dass sie mit dem Telefonat Max gegenüber eine Pflicht erfüllt, aber nicht wirklich an einer Beratung interessiert ist. In diesem Fall erscheint mir Angriff als die beste Verteidigung, und ich frage sie einfach, ob ich mit meiner Vermutung Recht habe. Daraufhin herrscht Schweigen am anderen Ende der Leitung, und ich weiß, dass ich ins Schwarze getroffen habe.

Immerhin ist Laura nicht der Typ Frau, der sich nun einfach zurückzieht und sich nicht mehr meldet. Einige Tage später habe ich sie wieder am Apparat. Sie möchte noch einmal über ihre Gefühle und ihre verschiedenen Handlungsoptionen sprechen. Einerseits hat sie ein schlechtes Gewissen, Max in dieser schweren Zeit nicht genügend zu unterstützen, andererseits steht ihr immer wieder ihr eigenes Sicherheitsbedürfnis im Weg.

Indessen verschlechtert Max' Zustand sich jedoch von Tag zu Tag, und er beschließt, seine Exfreundin Sibylle anzurufen und ihr sein Anliegen zu erklären. »Ich habe nicht mehr viel Zeit, mir geht es sehr schlecht, und ich werde in Kürze nicht mehr allein zurechtkommen. Könntest du dir vorstellen, dich in dieser Zeit um mich zu kümmern?« Natürlich ist auch Sibylle vollkommen schockiert von den Neuigkeiten, aber sie zögert nicht lange und sagt sofort ihre Unterstützung zu. Am nächsten Tag hat sie die nötigsten Sachen zusammengepackt und zieht provisorisch wieder bei Max ein. Im Gegenzug vereinbart er einen Termin mit einem Notar und leitet alles Nötige in die Wege, um Sibylle als Alleinerbin seines Hauses und seines bescheidenen Bankvermögens in sein Testament einzusetzen. Schließlich hat Max abgesehen von seiner alten Mutter und seiner Schwester keine nahen Angehörigen, und Sibylle soll für ihre Hilfsbereitschaft eine Gegenleistung erhalten. Und ohnehin hat sie das meiste Anrecht auf das Haus, denn sie hatte damals nach dem Kauf ja viel Zeit und Kraft in die Renovierung investiert.

Diese Aktion stachelt wiederum Lauras Eifersucht an. Sie ist keineswegs gewillt, Max dieser »Erbschleicherin« zu überlassen, und nutzt jede Gelegenheit, sich mit ihm in seinem Wohnwagen zu treffen. Nicht zuletzt auf mein Drängen hin, bringt sie es in dieser Zeit aber immerhin auch zustande, ihrem Mann von dem Verhältnis mit Max zu erzählen.

»Du hast doch wohl nicht vor, mich zu verlassen?«, mahnt dieser. Nun sei die Sache schließlich mal passiert, und er sei bereit, ihr zu verzeihen, aber nur unter einer Bedingung: Laura muss sich klar entscheiden – entweder für ihn oder für den anderen. Das bringt Laura nun ernstlich in die Bredouille.

»Frau Fauck, ich will nicht lange drum herumreden, sondern schlicht und ergreifend einen Ratschlag von Frau zu Frau: Was soll ich machen?«, fragt sie mich am Telefon verzweifelt.

»Also, wenn ich Sie wäre und diesen Mann liebte, dann würde ich denken: Jede Stunde zählt! Ich würde mich in die nächste Pension in der Nähe seines Hauses einmieten und sagen: Hier bin ich, du kannst 100-prozentig auf mich zählen und mich Tag und Nacht erreichen, wenn du mich brauchst.«

Und jetzt raten Sie mal: Genauso macht Laura es dann auch. Max freut sich darüber wie ein Schneekönig, denn auf dieses Liebesgeständnis hatte er nicht mehr zu hoffen gewagt. So behutsam wie möglich macht er Sibylle klar, dass sie nun noch einmal das Feld für Laura räumen muss, und bittet diese, bei ihm einzuziehen.

Doch trotz aller Willenskraft, die letzten Wochen seines Lebens in harmonischer Zweisamkeit zu verbringen, und trotz aller Rücksicht, die Laura in der Lage ist, auf Max' Zustand zu nehmen, fliegen schon nach zwei gemeinsamen Tagen zwischen ihnen die Fetzen. Eine Woche später sehen sie ein: Sie sind dafür geschaffen, ihre Leidenschaft miteinander zu teilen, aber nicht ihren Alltag. Und mit Max' Leidenschaft geht es nun leider zu Ende. So zieht Laura schließlich wieder zurück zu ihrem Ehemann – und nur vier Tage später erhält sie einen Anruf von Max' Mutter: Gestern Nacht sei ihr Sohn verstorben.

Meine Einschätzung zu dieser Geschichte

Durch Max' Krankheit wohnt dieser Geschichte natürlich eine Dramatik inne, die ich in dieser Form eher selten in meiner Praxis erlebe. Max hat aus meiner Sicht das Beste aus seiner Situation gemacht: Er hat seine Wünsche formuliert, von denen ihm einige auch erfüllt wurden. Kurz vor seinem Tod hat sich sogar noch verwirklicht, wovon er so lange geträumt hatte: ein Zusammenleben mit Laura. Dass die Realität mit dem Traum nur wenig zu tun hatte, hat es ihm vielleicht leichter gemacht, loszulassen und sein Schicksal zu akzeptieren.

Von Laura habe ich kurz nach Max' Tod noch eine Nachricht erhalten: »Ich bin so froh, dass ich Ihrem Rat gefolgt bin, denn sonst hätte ich mir mein Leben lang Vorwürfe gemacht, dass ich nicht versucht habe, Max seinen letzten Wunsch zu erfüllen und ihn zu unterstützen.« Ich muss sagen, so wäre es mir an Ihrer Stelle auch gegangen. Es gibt einfach Situationen im Leben, in denen man alles auf eine Karte setzen muss.

Womöglich kommt es Ihnen unangemessen vor, wenn ich an dieser Stelle schreibe, was ich Männern in Max' Situation raten würde. Dennoch ist es doch sehr naheliegend, dass Menschen, denen nur noch wenig Lebenszeit bleibt, besonders dringend ihre »Dinge« regeln möchten – und aus meiner Erfahrung gehören dazu auch die so genannten Liebesdinge. Ihnen empfehle ich:

- Seien Sie Egoist. Tun Sie genau das, was sich für Sie richtig anfühlt, denn Sie sind nun die Hauptperson. Vielleicht möchten Sie sich mit einer Expartnerin versöhnen, mit der Sie damals im Streit auseinandergegangen sind. Vielleicht möchten Sie Ihrer Partnerin oder Geliebten noch etwas Wichtiges mitteilen, ob persönlich oder in einem Brief. Zögern Sie diese Anliegen nicht hinaus, Sie werden sich anschließend ganz bestimmt besser fühlen.

— * —

Ich bin nur der Geliebte

»Ich will mit dieser Frau mein Leben teilen« – Franks Geschichte

Frank ist ein gutaussehender, breitschultriger Enddreißiger, der aus Lüneburg zu mir in die Praxis kommt. Er betreibt eine eigene Kfz-Werkstatt, die auf Geländefahrzeuge spezialisiert ist, und arbeitet in seiner Freizeit ehrenamtlich als Trainer in einem Schwimmverein.

Vor einem Jahr, so erzählt mir Frank, habe er im Internet unter www.seitensprung.de eine Frau kennen gelernt, mit der er sich seitdem regelmäßig trifft. Diese Frau, Sandra, ist verheiratet und hat einen 9-jährigen Sohn. In ihrem Profil auf dem Internetportal stand: »Bin glücklich verheiratet, suche Mann für gelegentliche Treffen und den besonderen sexuellen Kick.«

Frank fühlt sich von diesem Text durchaus angesprochen, denn er hat gerade eine langjährige und sehr anstrengende Beziehung mit einer Frau hinter sich, die ihn nach der Trennung noch monatelang mit Anrufen, E-Mails und SMS tyrannisiert hatte. Nun will er erst einmal eine Weile Single bleiben und seine neue Freiheit genießen. Wenn diese Frau also glücklich verheiratet ist, umso besser, sagt er sich und antwortet auf ihre Anzeige.

Beim allerersten Treffen in einer Bar bleibt es beim heftigen Flirten und zahlreichen Andeutungen, was die beiden zusammen wohl so alles anstellen könnten. Gleich am nächsten Tag bestätigen sie sich per E-Mail, dass die Chemie zwischen ihnen offenbar stimmt und sie sich bald wieder verabreden sollten. Sie vereinbaren einen Termin für den nächsten Samstagabend bei Frank zu Hause. Dabei stellt sich heraus, dass Sandra offenbar eine Frau ist, die weiß, was sie will. Sie verliert keine Zeit und verführt Frank nach allen Regeln der Kunst, was ihn nicht nur beeindruckt, sondern ihm auch ausgesprochen gut gefällt. Was folgt, ist ein Abend, der den Namen »sexuelles Abenteuer« durchaus verdient. Schon lange hatte Frank nicht mehr so viel Spaß beim Sex gehabt.

Danach treffen Sandra und Frank sich regelmäßig ein- oder zweimal pro Woche, meistens bei ihm zu Hause. An einigen lauen

Sommerabenden machen sie mit Franks aufgemotztem Geländewagen aber auch Ausflüge in die Natur, wo sie immer ein idyllisches Fleckchen für ein Picknick und weitere Vergnügungen finden. Frank fühlt sich in diesen ersten Monaten wie neugeboren. Er ist immer gut gelaunt, sieht noch besser aus als sonst und fühlt sich körperlich topfit. Seine Freunde ziehen ihn schon damit auf, dass er wohl frisch verliebt sein muss und ob er ihnen nicht endlich seine neue Flamme vorstellen wolle. Frank tut diese Bemerkungen mit einem schelmischen Lächeln ab, denn er hat Sandra versprochen, keiner Menschenseele von ihren geheimen Treffen zu erzählen. Insgeheim fragt er sich aber auch, ob an den Vermutungen seiner Freunde etwas dran sein könnte. Hat er sich womöglich in Sandra verliebt? Ist da nicht mehr zwischen ihnen als nur sexuelles Interesse? Frank beschließt, darüber erstmal nicht weiter nachzudenken. Es geht ihm gut, was will er mehr?

Doch je öfter er und Sandra sich sehen, desto klarer wird ihm, dass er schon ganz schön tief in der Geschichte drinsteckt. Wenn sie ihm jetzt eröffnen würde, dass sie das Verhältnis beenden will, wäre er ziemlich am Boden zerstört. Als ihm dieser Gedanke durch den Kopf schießt, ändert er seine Strategie. Immer öfter schlägt er Sandra nun gemeinsame Unternehmungen vor, Konzertbesuche in Hamburg, Ausflüge an die Ostsee oder einen kurzen Wochenendtrip nach Barcelona, um sie auch außerhalb des Bettes besser kennen zu lernen. Sandra scheint sich zunächst zu freuen und schaufelt sich die Zeit bei ihrer Familie durch fantasievolle Ausreden frei. Frank kann sich bei den vielen schönen Stunden, die sie gemeinsam verbringen, nicht vorstellen, dass sie nicht das Gleiche für ihn empfindet wie er für sie. Doch dann zieht sie wieder ein wenig die Bremse an und erklärt ihm, dass sie sich wieder mehr um Mann und Sohn kümmern müsse, wenn die Sache zwischen ihnen nicht auffliegen soll.

Inzwischen hat Frank jedoch erfahren, dass Sandras Sohn Ben in denselben Schwimmverein geht, in dem er selbst die Jugendmannschaft trainiert. Er bietet seinem Trainerkollegen an, dass er gern für ihn einspringen könne, falls es einmal nötig sein sollte. Dieser nimmt dankend an, und so lernt Frank auf unverfängliche Weise auch Ben endlich kennen, von dem er schon so viel gehört hat. Auf Anhieb haben die beiden einen guten Draht zueinander.

Bei Sandra stößt er indessen auf freundlich, aber bestimmt gesetzte Grenzen. Als er ein offenes Gespräch mit ihr sucht, gibt sie zwar zu, dass ihr die Treffen mit ihm viel bedeuten. Aber gleich darauf betont sie, dass sie nicht vorhat, sich von ihrem Mann zu trennen. Auch verstehe sie gar nicht, warum Frank an der Situation etwas ändern wolle, schließlich ginge es doch allen Beteiligten gut damit. »Mir nicht«, denkt er, traut sich aber nicht, es laut auszusprechen.

Je länger dieses Tauziehen zwischen den beiden hin- und hergeht, desto mehr steigert Frank sich in die Vorstellung hinein, wie glücklich ein gemeinsames Leben mit Sandra und ihrem Sohn sein könnte. Er nutzt jede Gelegenheit, die beiden zu sehen. Erzählt Sandra, dass sie am Wochenende mit Ben in den Tierpark gehen wird, schlendert auch er ganz »zufällig« dort umher, nur um ein paar unverbindliche Worte mit ihnen zu wechseln. Sandra weiß nicht so recht, was sie von diesen Aktionen halten soll. Einerseits freut sie sich auch, Frank zu sehen, andererseits wundert sie sich, was er damit eigentlich bezwecken will. Als sie ihn bei einem Treffen fragt, ob er eigentlich jeden ihrer Schritte kontrollieren wolle, ist er ehrlich schockiert. Plötzlich wird ihm klar, dass sie Recht hat, dass es ihm wirklich irgendwie um Kontrolle geht. An diesem Abend merkt er auch, wie erschöpft er ist. Die anfängliche körperliche Fitness, die er durch das Zusammensein mit Sandra erlebt hatte, ist einer bleiernen Müdigkeit gewichen, die ihm aufs Gemüt zu schlagen beginnt. Auch überkommt ihn in letzter Zeit manchmal so ein unheimliches Herzrasen, das ihm ernsthaft Angst einjagt.

So kann es nicht mehr weitergehen, beschließt er und kommt kurz darauf zu mir in die Praxis.

»Das Ganze geht jetzt schon fast seit einem Jahr«, erzählt er, »lange halte ich diesen Zustand nicht mehr aus.«

»Was wünschen Sie sich denn von Sandra?«, frage ich ihn. »Wie sollte die Geschichte Ihrer Meinung nach im besten Falle weitergehen?«

Frank schildert mir ausführlich, wie er sich den gemeinsamen Alltag mit Sandra und Ben vorstellt. Ich fordere ihn daraufhin auf, sich einmal Gedanken über die praktischen Details zu machen und eine Liste aller Vorkehrungen zu erstellen, die dafür getroffen werden müssten.

Frank erledigt seine Hausaufgabe mit Bravour. Als er das nächste Mal zu mir kommt, hat er sogar mit seinem Vater gesprochen, dem das Haus gehört, in dem er und Frank zwei getrennte Wohnungen bewohnen. Sein Vater habe nichts dagegen, wenn Sandra und Ben bei mir einziehen würden, verkündet Frank freudestrahlend und präsentiert mir außerdem stolz, was er sonst noch alles in die Wege geleitet hat.

Im nächsten Schritt geht es nun darum, Sandra vor die Entscheidung zu stellen: Entweder sie verlässt ihren Mann und geht mit Frank offiziell eine Beziehung ein oder er wird das Verhältnis beenden. Frank muss ziemlich schlucken, als wir den Plan gemeinsam durchgehen, aber er weiß auch, dass er nur so aus seinem Dilemma herauskommen kann. Als Termin will er Sandra den 7.5.2007 setzen – genau ein Jahr nach ihrem ersten Treffen.

Als er dann das nächste Mal bei mir auftaucht, sehe ich ihm sofort an, dass es nicht so gelaufen ist, wie er es sich erhofft hat. Nachdem Frank sein Anliegen vorgebracht hatte, sagte Sandra ihm klipp und klar, dass eine Trennung von ihrem Mann für sie überhaupt nicht infrage käme. Weder wolle sie Ben so etwas antun noch ihrem Mann, der ihr schließlich nichts Böses getan habe. Sie wisse auch nicht, wie ihr Mann allein zurechtkommen solle. Was Frank und sie teilten, sei außerdem etwas ganz Anderes. Nicht so eine banale Liebesgeschichte, sondern etwas Besonderes, das sie nicht durch Alltagsstreitereien kaputtmachen wolle. Damit hat sie Frank am wunden Punkt getroffen, und der Abend verläuft schließlich anders als geplant: Sie landen – wieder mal – gemeinsam im Bett.

Trotzdem versucht Frank, nun bei seiner Linie zu bleiben. Für ihn könne es so jedenfalls nicht mehr weitergehen, erklärt er Sandra, und dass es vielleicht besser wäre, sie würden sich wenigstens für eine Weile nicht mehr sehen.

Sandra akzeptiert den Vorschlag zunächst zwar, aber nach wenigen Tagen ruft sie Frank dann doch wieder an und bittet ihn, sich wenigstens auf einen Kaffee mit ihr zu treffen. Auch dieses Treffen endet bei Frank zu Hause …

Nachdem solche Aktionen sich noch zweimal wiederholt haben, hat Frank endlich die Kraft, sich abzugrenzen und verweigert jede weitere Verabredung. Als er rund drei Monate später den ersten Trennungsschmerz ein wenig überwunden hat, erreicht ihn überraschend ein Brief von Sandra: »Ich habe jetzt endlich verstanden, dass wir die Gefühle, die zwischen uns bestehen, nicht einfach wegdrängen können«, schreibt sie. »Wenn du mich immer noch willst und eine Chance für ein gemeinsames Leben siehst, packe ich noch heute meine Koffer.«

Frank ist nach der Lektüre so aufgeregt, dass er überhaupt nicht weiß, was er denken soll. Er greift zum Telefon und wählt erstmal meine Nummer: »Was soll ich denn jetzt tun, Frau Fauck? Damit hatte ich ja überhaupt nicht mehr gerechnet.«

»Was sagt Ihnen denn Ihr Gefühl dazu?«, frage ich ihn.

»Mein Gefühl sagt mir: Ich will mit dieser Frau mein Leben teilen«, antwortet er. Da bleibt mir nichts, als den beiden für ihre gemeinsame Zukunft viel Glück zu wünschen – wie lange es ihnen auch beschieden sein mag.

Meine Einschätzung zu dieser Geschichte

Diese Geschichte beschreibt eine Struktur, die ich umgekehrt in meiner Praxis schon hundert Mal gesehen habe: Üblicherweise ist es der Mann, der außerhalb der Ehe Sex sucht und manchmal über Jahre hinweg eine Geliebte hat. In diesem Fall ist es die Frau, die sich aktiv einen Liebhaber angelt und versucht, das Gefühlsleben aller Beteiligten möglichst im Gleichgewicht zu halten. Hätte Frank Sandra kein Ultimatum gestellt, wäre er sicher heute noch ihr Geliebter – und zwar »nur« ihr Geliebter. Erst dadurch, dass Frank konsequent jeglichen Kontakt verweigert hat, war Sandra gezwungen, sich mit ihren eigenen Gefühlen auseinanderzusetzen.

Eine Warnung muss man ihm jedoch noch mit auf den Weg geben: Als Sandra in ihrer Ehe sexuell nicht mehr das gefunden hat, was sie wollte, hat sie es sich woanders gesucht, anstatt mit ihrem

Ehemann offen darüber zu reden. Ich halte es keineswegs für ausgeschlossen, dass es Frank eines Tages genauso gehen wird wie Sandras Ehemann – wenn sie nicht bereit ist, ihr Verhalten grundsätzlich zu hinterfragen.

Männern, die sich in einer ähnlichen Situation befinden wie Frank, rate ich:

- Wenn Sie als Geliebter einer verheirateten Frau mit Ihrer Rolle unzufrieden sind, sollten Sie unbedingt offen mit ihrer Freundin darüber sprechen. Sie selbst haben sich auf diese Konstellation eingelassen: Erwarten Sie nicht, dass die Frau Ihnen die Veränderung Ihrer Gefühle von den Augen abliest.
- Wenn Sie an der Situation etwas ändern möchten, stellen Sie ein klar formuliertes Ultimatum und halten Sie sich selbst daran. Wer seine eigenen Regeln permanent unterläuft, wird irgendwann nicht mehr ernst genommen.
- Sollten Sie selbst ebenfalls verheiratet sein, trennen Sie sich von Ihrer Frau, wenn Sie mit Ihrer Geliebten offiziell zusammen sein wollen. Das typische »Wenn du dich trennst, trenne ich mich auch« ist nicht nur feige, sondern lässt auch vermuten, dass es Ihnen nicht wirklich ernst mit der neuen Partnerschaft ist. Einer muss schließlich den ersten Schritt machen.

Teil II

Zwei Exkurse zum Thema Liebeskummer

Mit Fitness und Ernährung gegen den Liebeskummer

Es hat Sie voll erwischt – der Liebeskummer hat Sie mit aller Wucht im Griff. Ihre Gedanken kreisen um die gescheiterte Beziehung, deren Ende Sie nicht wollten und gegen das Sie doch machtlos sind. Die nüchterne Faktenlage zeigt, dass die Frau, für die Sie immer noch so viel empfinden und um die Ihre Gedanken kreisen, fortgegangen ist und nicht mehr zurückkommt. Dagegen können Sie nichts machen. Es ist wichtig, dass Sie sich darüber bewusst werden, dass Sie von nun an Ihr Leben ohne die immer noch geliebte Partnerin bzw. den geliebten Partner verbringen werden. Der Schmerz darüber kann bis an die Grenze des Erträglichen gehen, aber es gibt einige Möglichkeiten, wie Sie dem Tal der Tränen entkommen und langsam, Schritt für Schritt, neue Lebensfreude entwickeln und Ihren Alltag neu meistern können.

Ein wesentlicher Aspekt für den Schritt zurück ins Leben und den Blick nach vorne ist dabei körperliche und geistige Fitness. Wahrscheinlich denken Sie im akuten Zustand des Liebeskummers nicht daran, sich hinreichend zu bewegen und regelmäßig zu essen. Diese beiden Faktoren, sprich Fitness und Ernährung, zeigen aber mit Sicherheit sehr positive Effekte auf Ihre Gesundung. Blicken wir auf die Definition der WHO (World Health Organisation) zum Begriff Gesundheit: »Gesundheit ist nicht nur die Abwesenheit von Krankheit, sondern physisches, psychisches und soziales Wohlbefinden.«

Aus dieser Begriffserklärung wird nicht nur das Zusammenspiel von Körper und Geist für die Gesundheit des Menschen deutlich, sondern auch die Bedeutung des menschlichen Miteinanders. Tatsächlich kann ein strukturiertes und gut durchdachtes Bewegungs- und Ernährungsprogramm einen großen Beitrag dazu leisten, dem Liebeskummer den Garaus zu machen. Beginnen wir mit der näheren Betrachtung des Begriffs Fitness und damit, wie Sie durch ein gezieltes Bewegungsprogramm Ihre Gesundheit verbessern, Ihr Körpergefühl verfeinern, auf andere Gedanken kommen und gleichzeitig noch etwas für Ihre Figur tun können.

Fitness: Kampfansage gegen den Liebeskummer

»Bist du fit?« Sicherlich haben Sie diese Frage auch schon häufiger gestellt bekommen bzw. sich so nach dem Wohlbefinden Ihres Gesprächspartners erkundigt. Aber was wird eigentlich unter »Fitness« verstanden? In Bezug zu unserem Thema stehen dabei sicherlich ein guter körperlicher Zustand und ein klarer Geist im Vordergrund. Beide Faktoren können durch Bewegung und Ernährung positiv beeinflusst werden.

Bezüglich der Bewegung kommt es insbesondere darauf an, drei der so genannten motorischen Hauptbeanspruchungsformen gezielt zu trainieren, nämlich Ausdauer, Kraft und Beweglichkeit. Jeder dieser Aspekte wird in einem ausgewogenen Bewegungsprogramm gezielt trainiert, Umfang und Intensität werden den persönlichen Schwerpunkten in der Zielvorstellung des Einzelnen angepasst. Möchten Sie beispielsweise in erster Linie Fett abbauen und etwas gegen die Rettungsringe an Ihren Hüften tun, dann empfiehlt es sich, zusätzlich zu der entsprechenden Ernährung, dem Ausdauertraining in Ihrem Bewegungsprogramm den höchsten Stellenwert einzuräumen. Falls Sie schwerpunktmäßig Muskeln aufbauen möchten, dann ist das Krafttraining für Sie erste Wahl. Sollten Sie sich steif und unbeweglich fühlen und möchten Sie diesen Zustand dringend ändern, dann sind natürlich Dehnübungen das beste Mittel, um die Geschmeidigkeit Ihrer Muskulatur und Ihre Beweglichkeit zu verbessern.

Aus diesem Grunde geht der Erstellung beziehungsweise dem Beginn jedes Fitness-Bewegungsprogramms grundsätzlich die persönliche Zielfestlegung voraus. Im Zustand des Liebekummers ist es zunächst am wichtigsten, dass Sie überhaupt damit beginnen, sich zu bewegen und Ihren Frust und die quälenden Gedanken nicht auf dem Sofa mit Chips, Süßigkeiten und Alkohol zu nähren. Kurbeln Sie die Produktion der körpereigenen »Glückshormone« durch Bewegung auf gesunde Art und Weise an. Meiden Sie die Zufuhr von Substanzen wie Alkohol oder andere Drogen. Der kurzfristigen Stimmungsaufhellung, die nach Einnahme derartiger Substanzen einsetzt, kann leicht verführen – und zwar in eine dunkle Sackgasse, aus der es sehr schwer ist, sich zu befreien. Gewichtszunahme oder Abmagerung durch fehlende Nahrungsaufnahme, Mangelernährung und die drastische Verschlechterung des Erscheinungsbildes sind sicher nicht die Folgen, die Sie ursprünglich herbeiführen wollten.

Sportliche Aktivität hingegen zeigt zahlreiche positive Auswirkungen auf die körperliche und geistige Fitness. Im Kampf gegen den Liebeskummer ist eine stärkere Durchblutung Ihrer Muskulatur und Ihres Gehirns wohl die wichtigste Wirkung von Bewegung. Darüber hinaus trägt die erhöhte Sekretion des so genannten Glückshormons Serotonin zu einer deutlich wahrnehmbaren Stimmungsaufhellung bei, nicht nur während, sondern auch im Anschluss an das Training. Außerdem ist die vermehrte Freisetzung von Endorphinen ebenfalls ein echter »Liebeskummer-Feind«. Endorphine sind körpereigene Substanzen, deren Wirkung mit denen von extern zugeführten Drogen wie beispielsweise Morphium oder Opium vergleichbar ist. Für jeden vernünftig denkenden Menschen sollte die Wahl zwischen dem Hochgefühl, das durch körpereigene Substanzen ausgelöst wird, und dem durch von außen zugeführte Drogen nicht schwer fallen. Ob Sie sich für Ausdauertraining, etwa in Form von Laufen, Radfahren oder Schwimmen entscheiden, lieber mit Gewichten im Fitnessstudio arbeiten oder eine Kombination aus Ausdauer- und Krafttraining praktizieren, bleibt Ihnen überlassen. In jedem Fall werden Sie durch Bewegung nicht nur körperlich, sondern auch geistig profitieren: In der Phase einer mentalen Krise ist es erst einmal wichtig, dass Sie sich auf sich selbst besinnen und sich spüren. Und das fördert Bewegung in idealer Weise.

Zu welchem Tageszeitpunkt Sie trainieren, hängt insbesondere von Ihrem persönlichen Biorhythmus und der beruflichen Organisation Ihres Tagesablaufs ab. Für den Fall, dass Sie zu den so genannten Lerchen zählen, die bereits in aller Frühe fröhlich ihr Liedchen pfeifen, dann bietet sich die Durchführung Ihres Bewegungsprogramms noch vor dem Frühstück an. Ich spreche da aus eigener Erfahrung, ist für mich doch der frühe Morgen, an dem ich um 5 Uhr ganz in Ruhe frisch gebrühten Kaffee trinke und anschließend ins Fitnessstudio fahre, die schönste Zeit des Tages. Versuchen Sie doch auch einmal, in der Frühe Ihr Fitnesstraining zu absolvieren. Glücklicherweise gibt es mittlerweile in vielen Städten Fitnessstudios, die rund um die Uhr Einlass gewähren oder ihre Pforten bereits sehr früh öffnen. Alternativ können Sie sich auch zu Hause ein kleines Heimstudio einrichten.

Sehr gut geeignet, um den Liebeskummer in die Flucht zu schlagen, sind auch Ausdaueraktivitäten wie Laufen oder Radfahren am frühen Morgen. Wenn Sie das Gefühl bereits aus eigener Erfahrung kennen, an einem Frühlingsmorgen entspannt durch den Wald zu laufen, den Sonnenaufgang zu erleben und die erwachende Natur mit allen Sinnen wahrzunehmen, dann wissen Sie, wovon ich spreche. Eine weitere sehr positive Auswirkung des frühmorgendlichen Fitnesstrainings auf nüchternen Magen ist das schnelle Wegschmelzen der Fettpolster an den Problemzonen des Mannes, sprich: an Hüften und Bauch. Mehr dazu finden Sie auch im Abschnitt zur Ernährung gegen den Liebeskummer. Eine schlanke Figur mit straffen Muskeln wird sich mit Sicherheit sehr positiv auf Ihr Lebens- und Selbstwertgefühl auswirken.

Sollten Sie nicht zu den »Lerchen«, sondern eher zu den »Nachteulen« zählen, die erst im späteren Tagesverlauf voll aktiv sind, dann empfiehlt sich entsprechend ein abendliches Bewegungsprogramm. Eine weitere Möglichkeit wäre das Training in der Mittagspause, vorausgesetzt die Zeitspanne hierfür beträgt mindestens eine Stunde.

Damit sind wir auch schon beim nächsten Aspekt angekommen, der für die optimierte Planung Ihres Bewegungsprogramms von Bedeutung ist. Rechnen Sie für Ihre körperlichen Aktivitäten zwischen 30 und 60 Minuten pro Trainingseinheit. Weder zu kurze noch zu lange Zeiträume für das einzelne Training zeigen optimale Wirkung für Körper und Geist. Lieber öfter und regelmäßig als selten und lange, ist die Devise! Zwei bis drei wöchentliche Trainingseinheiten sollten es mindestens sein, um in den vollen Genuss der positiven Auswirkungen des Bewegungsprogramms zu gelangen. Am besten organisieren Sie Ihr Trainingsprogramm so, dass Sie an nicht aufeinanderfolgenden Tagen sportlich aktiv sind, also beispielsweise Montag, Mittwoch und Freitag. Falls Sie sich häufiger bewegen möchten, dann ist die wechselweise Organisation zwischen Ausdaueraktivitäten und Gewichtstraining empfehlenswert. Überhaupt stellt die Kombination aus Ausdauersport und Krafttraining, ergänzt durch gezielte Dehnübungen für die einzelnen Muskelgruppen, die ideale Kombination zum Erzielen von sehr guter Fitness dar. Ausdaueraktivitäten verbrennen effektiv Körperfett, Gewichtstraining baut Muskeln auf, und Dehnübungen erhalten, beziehungsweise verbessern Ihre Beweglichkeit. Diese Verbindung der einzelnen Aktivitäten kann neben dem tageweise wechselnden Rhythmus auch so praktiziert werden, dass Sie unmittelbar nach dem Gewichtstraining im Fitnessstudio oder in den eigenen vier Wänden noch auf dem Radergometer, dem Stairmaster oder dem Elypsentrainer aktiv sind. Sollten Sie sich für die Zusammenlegung von Kraft- und Ausdaueraktivitäten entscheiden, dann absolvieren Sie erst Gewichtstraining, anschließend Ausdauer, gefolgt von Dehnübungen. Damit optimieren Sie sowohl den Muskelaufbau als auch den Fettabbau und beenden die Trainingseinheit nach den Dehnungen für die einzelnen Muskelgruppen entspannt und vitalisiert.

Ein weiterer Aspekt für die Optimierung Ihres Bewegungsprogrammes ist neben der zeitlichen Dauer und der Häufigkeit der einzelnen Trainingseinheiten auch die Intensität, mit der Sie bei den unterschiedlichen Arten sportlicher Aktivität zur Sache gehen. Damit das Ausdauertraining seine wohltuende, entspannende Wirkung voll entfalten kann, sollten Sie es so praktizieren, dass

Sie nicht völlig außer Atem kommen und Ihre Muskeln nicht anfangen zu schmerzen. Wenn Sie es richtig machen, können Sie während des Laufens oder Radfahrens noch einigermaßen ruhig sprechen, und Ihre Muskulatur fühlt sich leicht und locker an. Für das Krafttraining empfehlen sich Gewichte, die innerhalb der einzelnen Übungen mit sehr sauberer Technik zwischen 15 und 20 Wiederholungen für einen Durchgang bewegt werden können. Mit einer derartigen Gewichtsbelastung trainieren Sie nicht nur sehr sicher und vermeiden die Überlastung von Muskeln, Sehnen, Bändern und Gelenken, sondern Sie setzen auch sehr effektive Reize für das Muskelwachstum. Da an dieser Stelle der Platz für umfassende und detaillierte Informationen zum optimierten Krafttraining fehlt, darf ich hier auf mein Buch »Die Bodybuilding-Bibel«, erschienen im Rowohlt-Verlag, verweisen.

Ernährung gegen den Liebeskummer

Die Ernährung ist im Kampf gegen den Liebeskummer ein gleichberechtigter Partner der Bewegung. Die Art und Weise, wie wir uns ernähren, zeigt nicht nur Auswirkungen auf das körperliche Erscheinungsbild, sondern auch darauf, wie wir uns fühlen bzw. wie unsere Gemütslage ist.

Die drei Faktoren Mäßigkeit, Vielfältigkeit und Regelmäßigkeit bilden nicht nur die Basis gesunder Ernährung, sondern sind auch für die Ernährung gegen den Liebeskummer die wichtigsten Aspekte. Richten Sie die täglich verzehrte Menge an Kalorien nach Ihrem persönlichen Stoffwechsel- und Aktivitätsniveau. Bevorzugen Sie Lebensmittel mit einer hohen Nährstoffdichte. Die Nährstoffdichte definiert die Menge eines Nährstoffes in einem Lebensmittel in Relation zum Energiegehalt des Lebensmittels. Stark fett- und zuckerhaltige Lebensmittel sowie Alkohol haben eine sehr geringe Nährstoffdichte. Sie liefern zwar viele Kalorien, enthalten jedoch kaum lebenswichtige Bestandteile und damit einen hohen Prozentsatz an »leeren Kalorien«. Versorgen Sie Ihren Organismus alle 2,5 bis 3,5 Stunden mit Nahrung. Wenn Sie diese drei wichtigsten Punkte einer bedarfsgerechten, ausgewogenen und gesunden Ernährung berücksichtigen, haben Sie den entscheidenden Schritt dafür getan, dass Sie sich nicht nur wohl in Ihrer Haut fühlen, sondern auch so aussehen.

Darüber hinaus gibt es zahlreiche Lebensmittel, die aufgrund ihrer Bestandteile eine nachgewiesene stimmungsaufhellende Wirkung zeigen. Diese positive Wirkung auf die Psyche ist natürlich ein gewichtiges Argument dafür, diesen Lebensmitteln einen festen Platz in der Anti-Liebeskummer-Ernährung einzuräumen. Schauen wir uns diese in der Nahrung natürlich vorkommenden, stimmungsverbessernden Bestandteile im Detail an:

Serotonin: Das körpereigene Glückshormon

Wie im Abschnitt über Bewegung bereits erwähnt, gilt Serotonin als körpereigenes »Glückshormon«, das sich sehr positiv auf die Stimmungslage auswirkt und unter anderem während körperlicher Belastung vermehrt gebildet wird. Serotonin ist ein so genannter Neurotransmitter, also ein Botenstoff, der Signale innerhalb unseres Zentralnervensystems überträgt und damit eine wichtige Rolle spielt, dass sich die Nervenzellen untereinander verständigen können.

Aminosäuren: Baustoffe und mehr

Aminosäuren sind die Bausteine des Eiweißes. Eiweiß ist nicht nur Baustoff für unsere Muskulatur, einiger Hormone (z. B. Insulin), Enzyme, Antikörper, dem rotem Blutfarbstoff (Hämoglobin) und der Zellmembran, sondern spielt auch eine tragende Rolle dafür, dass wir geistig fit und rege sind. Die Zufuhr von 8 der insgesamt 21 Aminosäuren mit der Nahrung ist lebensnotwendig (essentiell), da der Körper diese nicht selber bilden kann. Tryptophan als eine der essentiellen Aminosäuren kommt für das Wohlbefinden eine besondere Bedeutung zu, ist diese Aminosäure doch an der Bildung des Serotonins beteiligt.

B-Vitamine: Die Nervenvitamine

Die Vitamin-B-Gruppe enthält acht wasserlösliche Vitamine, aus denen das Vitamin B_1 gebildet wird, das auch als »Nervenvitamin« bekannt ist. Vitamin B_5 und Vitamin B_{12} gelten ebenfalls als wirkvolle Nahrungsbestandteile gegen psychischen Stress.

Omega-3-Fettsäuren: Gutes Fett für Körper und Geist

Während der übermäßige Verzehr tierischer Fette ein gewisses Risiko für die Entstehung von Arteriosklerose darstellt, zeigen Omega-3-Fettsäuren eine Schutzwirkung vor Arteriosklerose. Dieser als sehr positiv einzustufende gesundheitliche Aspekt dieser Fettsäuren wird im Zusammenhang mit unserem Thema dadurch ergänzt, dass Omega-3-Fettsäuren wichtige Bestandteile von Gehirn und Nerven sind und bei regelmäßigem Verzehr unter anderem die Neigung zu Depressionen deutlich mindern.

Magnesium: Das Anti-Stress-Mineral

Magnesium ist wichtig für ein starkes Nervenkostüm. Besonders in Zeiten starker psychischer Belastung, wie es ohne Zweifel beim Liebeskummer der Fall ist, ist daher auf eine magnesiumreiche Ernährung zu achten.

Lecithin: Für starke Nerven

Lecithin zählt zu der Gruppe der so genannten Phospolipide (fettähnliche Substanz), die Bestandteil der Zellhüllen, beispielsweise von Gehirn- und Nervenzellen sind. Lecithin spielt eine bedeutende Rolle für eine gesunde Nervenfunktion.

Capsaicin: Zuständig für die Schärfe

Denn Capsaicin heißt der Stoff, der roten Chilischoten ihre Schärfe gibt. Durch den Verzehr von scharfen, mit Chili gewürzten Speisen, werden dem Gehirn Schmerzsignale vermittelt, die durch eine verstärkte Sekretion von Endorphinen gemildert werden sollen. Damit kann der Genuss von scharfen Speisen auch zu einer Stimmungsverbesserung führen, in diesem Zusammenhang wird unter Chilifreunden auch vom »Pepper-High« gesprochen.

Wasser: Das Elixier des Lebens

Trinken Sie mindestens zwei Liter Wasser täglich. Mit dieser Flüssigkeitsmenge unterstützen Sie Ihre Gehirnfunktion, verbessern Ihre Konzentrationsfähigkeit und erhöhen Ihr Leistungsvermögen. Tipp: Um tatsächlich diese Mindestaufnahme an Wasser zu trinken, platzieren Sie am besten eine oder mehrere Wasserflaschen an den Orten, an denen Sie sich täglich länger aufhalten, beispielsweise am Arbeitsplatz oder im Auto. So können Sie immer mal wieder einen Schluck Wasser trinken und sicher mindestens zwei Liter pro Tag aufnehmen.

Johanniskraut: Mit Pflanzenpower gegen den Liebeskummer

Die Heilwirkung von Johanniskraut in psychisch belastenden Situationen ist seit langem bekannt. Bereits im Mittelalter wurde im Falle von seelischen Problemen eine Verbesserung des Gemütszustandes nach Gabe dieser Pflanze entdeckt. Bis heute wird Johanniskraut erfolgreich bei Verstimmungen bis hin zu leichten Depressionen eingesetzt. Hyperforin, der Hauptwirkstoff dieser Pflanze kann effektiv dazu beitragen, das biologische Gleichgewicht der Nervenzellen im Gehirn wiederherzustellen. Zur Einnahme und Dosierung von Johanniskraut lassen Sie sich bitte von entsprechenden Fachleuten, beispielsweise Apothekern oder Reformhausfachkräften, beraten.

Lebensmittel	*Anti-Liebeskummer-Wirkstoffe*
Kaltwasserfische (z. B. Lachs)	Tryptophan; Omega-3-Fettsäure
Fleisch (Rind, Schwein)	Tryptophan; Vitamin B_1
Geflügel (Pute, Huhn)	Tryptophan; Magnesium
Eier	Tryptophan; Lecithin
Milch	Tryptophan; B-Vitamine
Käse	Tryptophan; B-Vitamine
Vollkorngetreide	Tryptophan; Vitamin B_1
Bananen	Tryptophan; Serotonin; Magnesium
Nüsse	Tryptophan; Vitamin B_1
Avocados	Tryptophan; Serotonin
Tomaten	Tryptophan; Serotonin
Sonnenblumenkerne	Tryptophan; Vitamin B_1; Magnesium
Erbsen	Lecithin; Vitamin B_1
Ananas	Serotonin
Soja	Lecithin
Chili	Capsaicin
Leinöl	Omega-3-Fettsäuren

Hinweis: Ernährung und frühmorgendliches, nüchternes Training

Wie im Kapitel zur Fitness kurz erwähnt, ist das frühmorgendliche, auf nüchternen Magen absolvierte Training für Frühaufsteher nicht nur ein wunderbarer Start in den Tag, sondern ebenfalls eine ausgezeichnete Strategie, sich schnell von unliebsamen Fettpolstern, besonders an der Taille und im Bauchbereich, zu befreien. Und ein gut ausgeprägtes »Sixpack« steht jedem Mann gut »zu Gesicht«.

Während der Nacht sind die Kohlenhydratspeicher des Körpers zur Aufrechterhaltung der so genannten vitalen Funktionen wie Atmung, Verdauung und Herzschlag nahezu entleert worden. Dem Organismus bleibt bei fehlender Nahrungsaufnahme vor der sportlichen Aktivität gar nichts anderes übrig, als auf das gespeicherte Körperfett zur Energiegewinnung zurückzugreifen. Durch die fehlende Nahrungsaufnahme ist außerdem der Insulinspiegel niedrig, daraus resultiert die verstärkte Sekretion des Wachstumshormons. Dieses Hormon ist, ebenso wie das »Männlichkeitshormon« Testosteron, dessen Konzentration im Blut im männlichen Organismus am frühen Morgen einen Höchststand zeigt, unter anderem für den Muskelaufbau und die Fettverbrennung zuständig.

Die Fettverbrennung wird effektiv durch das Trinken von einer bis zwei Tassen schwarzen Kaffees zirka 30 bis 45 Minuten vor Beginn des Trainings unterstützt. Das im Kaffee enthaltene Koffein fördert die Lipolyse, das heißt, die Freisetzung des gespeicherten Körperfetts zur Verwendung als Energieträger. Wenn Sie es perfekt machen und den Fettzellen mit vollen Kanonen den Kampf ansagen möchten, dann nehmen Sie zusammen mit dem Kaffee einen so genannten Fatburner wie beispielsweise Carnitin. Carnitin dient als Transportsubstanz (»Biocarrier«), die die freigesetzten Fettsäuren durch die äußere Zellhülle schleust und den Kraftwerken der Zelle, den Mitochondrien zuführt, dem Ort ihrer Verbrennung.

Mit dieser Vorgehensweise in Sachen Bewegung und Ernährung machen Sie einen entscheidenden Schritt dafür, sich in körperliche Bestform zu bringen. Davon wird mit Sicherheit auch Ihre psychische Verfassung profitieren.

Ein beispielhafter Tagesablauf als Leitfaden für den erfolgreichen Kampf gegen den Liebeskummer:

Frühmorgens: Bewegung auf nüchternen Magen für 30 bis 60 Minuten

Frühstück: selbstgemachtes Müsli, beispielsweise aus Haferflocken, frischem Obst (Banane, Ananas), Naturjoghurt, Sonnenblumenkernen oder Rührei auf Vollkornbrot mit Käse

Snack (2,5 bis 3 Stunden nach dem Frühstück): Nüsse oder Hüttenkäse / Quark mit frischen Früchten und Leinöl

Mittag (zirka 2 Stunden nach dem Snack): wahlweise Huhn, Fisch oder Rindfleisch mit gemischtem Salat, Chili, Olivenöl

Snack (2,5 bis 3 Stunden nach dem Mittag): frisches Obst oder ein bis zwei Riegel Schokolade mit mindestens 85 Prozent Kakaoanteil

Abend: wahlweise Fisch, Rindfleisch oder Huhn mit Gemüsebeilage, Chili, Olivenöl oder Käse und Nüsse

Gönnen Sie sich in Ihrer Freizeit die Aktivitäten, die Ihnen Freude bereiten. Das kann ein entspannter Spaziergang, ein Kinobesuch, das Lesen eines guten Buches oder einfach das Faulenzen zu Hause sein. Was auch immer Sie von Ihren Gedanken an die Verflossene wegbringt, ist richtig. Natürlich sollten Sie sich geistig mit dem Ende der Beziehung auseinandersetzen und nichts verdrängen. Dieser Prozess der Verarbeitung, und damit die Überwindung des Liebeskummers, ist in jedem Fall leichter, wenn Sie sich selbst etwas Gutes tun. Fitness und Ernährung sind dabei zwei der tragenden Säulen, die Sie wieder näher zu Ihrem Inneren bringen. Durch körperliche Aktivität und eine entsprechende Ernährung werden Sie sich jeden Tag ein bisschen besser fühlen und Ihre trübe Stimmung durch neue, positive Gedanken ersetzen!

Berend Breitenstein ist Ernährungswissenschaftler, Kraftsportler und Personal Coach für Fitness und Figur in Hamburg. Er verfasste mehrere Fachbücher zum Thema Fitness und Ernährung. Mehr Infos unter www.berend-breitenstein.de.

Der Mann im Liebeskummer – eine Einschätzung aus medizinisch-psychiatrischer Sicht

Liebeskummer ist nicht unbedingt ein Zustand, der automatisch eine medizinische, psychiatrische und/oder psychotherapeutische Behandlung erfordert. Liebeskummer ist in der Regel keine Krankheit, sondern eine Erfahrung, die viele Menschen ein- oder mehrmalig in ihrem Leben machen bzw. machen müssen.

Aber Liebeskummer, oder vielleicht besser gesagt: der Verlust eines geliebten Menschen durch Trennung, kann ein Auslöser für verschiedene Störungen oder gar Erkrankungen im Bereich der Psychiatrie darstellen. Die Übergänge von einer Krise, die fast jeder von uns einmal erleben wird oder bereits erlebt hat, bis hin zu einer manifesten Depression, Angststörung oder Suchtentwicklung, sind fließend. Der alleinige Umstand eines Partnerverlustes durch Trennung ist nicht unbedingt entscheidend dafür, dass ein Individuum an Liebeskummer erkrankt und darüber einer ärztlich-psychiatrischen Behandlung bedarf. In der Regel wirken mehrere Faktoren zusammen, die dann eine psychische Störung oder Erkrankung bedingen. Dabei kann der Verlust des geliebten Menschen sicherlich eine große Rolle spielen.

Andere, zusätzliche Faktoren, die eine psychische Störung bzw. Erkrankung auslösen können, sind:

- schon vorher bestehende psychische Störungen oder Erkrankungen
- zusätzliche andere Stressfaktoren
- eine genetische Disposition für Depression
- depressive oder ängstlich-unsichere Persönlichkeit
- Substanzmissbrauch (z. B. Alkohol)

Wenn zu dem bestehenden Liebeskummer die exemplarisch genannten Faktoren hinzutreten, dann ist das Auftreten einer psychischen Störung oder Erkrankung wahrscheinlich.

Verschiedene Depressionsformen

Die beiden häufigsten Auslöser für eine depressive Symptomatik oder ganz allgemein gesprochen für ein so genanntes Depressives Syndrom sind Partnerverlust durch Trennung oder Tod, dicht gefolgt von Jobverlust oder allgemein Problemen im Beruf. Die Depressionsform, die am häufigsten bei Liebeskummer respektive Partnerverlust auftritt, ist die reaktive Depression bzw. Anpassungsstörung mit depressiver Symptomatik. Einschränkend muss man allerdings erwähnen: Da »Episoden von Niedergeschlagenheit, Verzagtheit und Mutlosigkeit, insbesondere nach Enttäuschungen oder Trennungen zum ›normalen Leben‹ gehören, ist die Trennlinie zwischen noch normaler Reaktion und bereits pathologischer Reaktion häufig schwierig. Entscheidend sind die Intensität und Komplexität der Symptomatik, deren Dauer und die Beeinträchtigung üblicher psychosozialer und physiologischer Probleme.« (Berger: Psychiatrie und Psychotherapie, 2002)

Doch wie zeigt sich eine Depression? Drei Kernsymptome zeichnen die Depression aus: depressive Stimmung, Verlust von Interesse oder Freude sowie erhöhte Ermüdbarkeit. Die depressive Stimmung kann sich in Niedergeschlagenheit, Hoffnungslosigkeit, Verzweiflung oder in einem »Gefühl der Gefühllosigkeit« äußern. Auch zeigt sich depressive Stimmung oft in einem Angstgefühl, einer leichten und raschen Irritierbarkeit und/oder in einem schnellen Überfordertsein.

Zu den drei Kernsymptomen können noch weitere Symptome wie verminderte Konzentrationsfähigkeit, vermindertes Selbstwertgefühl, Schlafstörungen, Appetitlosigkeit oder Suizidgedanken auftreten. Daneben kommt es nicht selten zu körperlichen Symptomen wie Ohrgeräuschen, Kopfschmerzen, Verstopfung, Herzbeschwerden, Muskelkrämpfen, Schwindel, Kreislaufbeschwerden, Übelkeit und Magenbeschwerden.

Männer neigen dazu, emotionale Veränderungen hinsichtlich deprimierter Verstimmung zu bagatellisieren oder sogar zu verleugnen. Von männlichen Patienten werden bei einer Arztkonsultation daher häufig zunächst die körperlichen Symptome genannt, die oftmals neben den psychischen Veränderungen bestehen. Die isolierte

Schilderung der körperlichen Symptome kann bei dem psychiatrisch ungeschulten Arzt jedoch zu Fehldiagnosen und damit zur Verschleppung einer adäquaten Behandlung führen.

Aus neurobiologischer Sicht sind depressive Erkrankungen mit einer Verminderung der Botenstoffe (Neurotransmitter) Noradrenalin und Serotonin verbunden. Nach bisherigen Erkenntnissen gleichen antidepressiv wirkende Medikamente nicht nur den Serotonin- und Noradrenalinmangel aus, sondern sie wirken auch schützend gegenüber den serotonin- und noradrenalinhaltigen Nervenzellen.

Behandlungsmöglichkeiten der Depression

Hinsichtlich der Behandlung der Depression ergeben sich zwei Behandlungssäulen. Zum einen ist die medikamentöse Behandlung mit entsprechenden Antidepressiva möglich, zum anderen sollte man über eine psychotherapeutische Behandlung nachdenken. Beide Behandlungssäulen können auch kombiniert werden. Ob eine alleinige Psychotherapie, eine medikamentös antidepressive Therapie oder eine Kombinationsbehandlung notwendig ist, sollten Sie mit Ihrem behandelnden Arzt besprechen.

Angststörungen

Neben den ausführlich beschriebenen Depressionen gibt es noch eine Reihe anderer psychischer Störungen, die nach einer Trennung evident werden können. Hier ist vor allem die Gruppe der Angststörungen zu nennen, die durch Trennungssituationen bzw. Liebeskummer ausgelöst werden können. Dazu gehören Panikstörungen, Phobien und generalisierte Angststörungen.

Das Erleben nicht bewältigbarer Angstzustände führt häufig bereits nach kurzer Zeit zu »Angst vor der Angst«. Hierdurch wird ein Vermeidungsverhalten gefördert und das Vertrauen in die eigenen Bewältigungsmöglichkeiten der Angst weiter reduziert.

Aufgrund der früh auftretenden »Angst vor der Angst« mit dem einhergehenden Vermeidungsverhalten ist eine rasch einsetzende adäquate Behandlung außerordentlich wichtig. Das Vermeidungsverhalten kann in seiner Extremform zu einem kompletten sozialen Rückzug der Betroffenen führen – mit allen Konsequenzen, die sich daraus ergeben (Verlust sozialer Kontakte, Arbeitsplatzverlust etc.). Das Vermeidungsverhalten führt auch dazu, dass sich die Angst im Sinne eines Teufelskreises noch mehr steigert. Das bedeutet: Sobald Sie Anzeichen bei sich erkennen oder auch nur vermuten, sprechen Sie bitte mit Ihrem Arzt darüber. Wie bei der Behandlung der Depression spielen auch bei der Angststörung zwei Behandlungssäulen eine wichtige Rolle. Zum einen gibt es die medikamentöse Therapie, zum anderen verschiedene psychotherapeutische Verfahren. Die beiden genannten Behandlungssäulen können wie bei der Therapie der Depression auch kombiniert werden.

Substanzmissbrauch und Abhängigkeit

Im Rahmen von Trennungssituationen und Liebeskummer ist die Gefahr gegeben, dass Alkohol oder Drogen missbräuchlich aus Gründen der »Selbstbehandlung« eingesetzt werden. Substanzmissbrauch definiert sich durch anhaltende soziale bzw. körperliche Schädigung. Die Grenzen von Missbrauch zu körperlicher bzw. psychischer Abhängigkeit sind hierbei fließend und können bereits bestehende psychische Störungen wie beispielsweise Depression oder Angststörungen verschlimmern. Hierzu nur eines: Tun Sie sich das nicht an! Und falls Sie so verzweifelt sind, dass Sie zu Substanzmissbrauch neigen, dann teilen Sie sich bitte Ihrem Arzt mit.

In diesem Beitrag verwendete Literatur:
Mathias Berger: Psychiatrie und Psychotherapie, Urban & Fischer Verlag 2002
Hans-Jürgen Möller et al.: Psychiatrie und Psychotherapie, Springer Verlag 2007
Otto Benkert et al.: Kompendium der Psychiatrischen Pharmakotherapie, Springer Verlag 2006

Jörg Weingärtner ist Facharzt für Psychiatrie und Psychotherapie mit eigener Praxis in Berlin. Anschrift: Helgolandstraße 1, 14199 Berlin, praxis.weingaertner@berlin.de.

Teil III

Nachgefragt bei der Liebeskummer-Expertin

Die Top 20 Fragen & Antworten zum Thema Liebeskummer

1. Wann hört der Schmerz endlich auf?

Der Schmerz hört auf, wenn Sie sich selbst wieder lieben können und wenn Sie sich selbst verziehen haben, dass Sie die »falsche« Partnerin liebten. Mit anderen Worten: Der Schmerz hört auf, wenn viel Zeit ins Land gegangen ist. Kommen Sie aus der Opferrolle, machen Sie sich bewusst, dass es nicht an Ihnen gelegen haben muss, dass Ihre Partnerin sich getrennt hat. Sie hat sich vielleicht einfach für ein neues Leben entschieden.

Sie werden feststellen, dass Sie jetzt viel Zeit haben. Mein Tipp: Nutzen Sie diese Zeit für sich. Sehen Sie die Trauerphase nicht als verlorene Zeit an. Sobald Sie den ersten ganz schlimmen Schmerz überwunden haben, versuchen Sie, sich abzulenken. Fangen Sie mit einem neuen Hobby an, machen Sie eine berufliche Weiterbildung, besuchen Sie Kurse oder Seminare. Sie werden dabei nicht nur etwas lernen oder Ihr Wissen erweitern, sondern auch neue Menschen kennen lernen, die ein Anfang für einen neuen Lebensabschnitt sein können.

Und wenn es Ihnen dann noch ein bisschen besser geht, laden Sie alle lieben Menschen ein, die Ihnen in dieser schweren Zeit zur Seite stehen. Geben Sie eine »Jetzt geht's bergauf«-Party – als

Dank an Ihre Freunde und Verwandten und als Symbol für sich selbst.

Sie müssen jetzt nach vorne schauen. Vor Ihnen liegt Ihr Leben, hinter Ihnen die Partnerin, die gegangen ist. Ihr Leben findet immer vorne statt!

2. Ist der »Neue« besser im Bett als ich?

Nein, natürlich nicht. In sieben Jahren Liebeskummer-Praxis habe ich es nicht ein einziges Mal erlebt, dass eine Frau einen Mann verlassen hat, weil der Neue besser im Bett ist – auch wenn sich meine männlichen Klienten das immer so vorstellen. Die berühmte »Nummer vorm Schrank«, die Ihre Expartnerin jetzt womöglich mit ihrem neuen Partner schiebt, existiert nur in Ihrem Kopf.

Einer meiner Klienten schaute während der Sitzungen ständig auf seine Armbanduhr. Als ich ihn fragte, ob er noch einen Termin habe, meinte er, nein, er wisse aber ganz genau, was seine Exfreundin jetzt täte. Den ganzen Tag denke er daran, was sie jetzt gerade tut. »Und jetzt trifft sie sich wahrscheinlich gerade mit dem Neuen, und er legt sie flach«, endete sein Vortrag.

Ich kann Sie nur warnen: Solche Gedanken sind absolut kontraproduktiv! Das grenzt ja schon fast an Verfolgungswahn. Zu Ihrem eigenen Schutz sollten Sie sich selbst ein Ritual schaffen, um solche Gedanken bewusst zu vermeiden. Stellen Sie sich beispielsweise einen Vorhang vor, den Sie immer dann zuziehen, wenn sich in Ihrem Kopf Bilder aufdrängen, die damit zu tun haben, dass Ihre Expartnerin Sex mit einem anderen Mann hat.

3. Hat sie mich je geliebt?

Ja, das hat sie. Wenn es Ihnen schwer fällt, das zu glauben, denken Sie an die vielen wunderbaren Stunden, die Sie gemeinsam verbracht haben: der erste Jahrestag, der erste gemeinsame Urlaub, das erste Mal Weihnachten zusammen. Und dann denken Sie auch daran, wie Sie schlechte Zeiten gemeinsam gemeistert haben, beispielsweise wenn Sie einmal krank waren oder als Sie Probleme im Job hatten oder als einer Ihrer Angehörigen starb. Es wird schmerzvoll sein, wenn Sie sich daran erinnern, aber Sie werden feststellen: Ja, Sie hat mich geliebt. Und Sie werden wissen, dass die gemeinsame Zeit keine verlorene Zeit war, sondern Ihr Leben bereichert hat.

Wenn eine Liebe bricht und man verlassen wird, beginnt man natürlich zu zweifeln, ob nicht alles Lüge war. Aber das stimmt nicht: Der Anfang war gut, Sie liebten und wurden geliebt, irgendwann ist es dann auseinandergebrochen. Vielleicht hilft es Ihnen auch, auf andere Beziehungen in der Vergangenheit zurückzuschauen. Vielleicht haben Sie selbst mal eine Partnerin verlassen. Und hatten Sie die nicht anfangs auch geliebt? Trennungen gehören zu unserem Leben, die Liebe ist launisch und leider nicht in jeder Beziehung für immer und ewig.

4. Was hat der Neue, was ich nicht habe?

Er ist neu, er ist frisch, er ist verliebt, sie lässt sich von ihm feiern.

Er ist nie müde, hört ihr interessiert zu, hilft ihr in den Mantel, und sie fühlt sich vollkommen von ihm geachtet. Natürlich hat er auch eine große Portion Humor. Eben all das, was Sie anfangs auch an positiven Eigenschaften für sie verkörpert haben. Und vor allen Dingen: Er ist ein neuer Anfang. Das ist alles.

Erinnern Sie sich selbst an die Beziehungen, die Sie in Ihrem Leben hatten: Sicher war auch für Sie eine neue Liebe wie ein neues Leben. Wahrscheinlich konnten Sie sich damals auch nicht vorstellen, dass dieses Gefühl eines Tages nachlassen könnte. Diese Zuversicht teilt Ihre Expartnerin jetzt mit ihrem neuen Partner. Und mehr weiß Ihre Expartnerin ja selbst noch nicht über den Neuen, Sie kennt ihn noch nicht sehr gut, sonst wäre er ja auch nicht mehr neu.

5. Werde ich mich je wieder verlieben können?

Ja, in der Tat, Sie werden sich wieder neu verlieben – und wie! Aber Sie brauchen Zeit und viel Geduld mit sich selbst. Je aufrichtiger Sie jetzt trauern und sich mit der Trennung auseinandersetzen, desto eher sind Sie bereit für eine neue Liebe. Denn erst wenn das Herz frei ist, können Sie sich wieder neu auf jemanden einlassen.

Freuen Sie sich jetzt schon auf das wunderbare Gefühl, wieder verliebt zu sein und von einer neuen Partnerin begehrt zu werden. In meiner Praxis habe ich schon oft die freudige Nachricht erhalten, dass Klienten sich nach relativ kurzer Zeit wieder verliebt und ein neues großes Glück gefunden haben. Sicher ist das für Sie heute schwer vorstellbar, aber Sie können auf mein Versprechen vertrauen: Die nächste Liebe lässt nicht lange auf sich warten!

6. Für welche Partnerin soll ich mich entscheiden?

Ehefrau oder Geliebte – Sie müssen sich entscheiden. Diese Frage kann ich als Expertin leider nicht für Sie klären, das müssen Sie für sich selbst herausfinden. Mithilfe einer Beratung können wir den Dingen aber auf den Grund gehen: Wen liebe ich mehr? Bin ich mit meiner Partnerin zu lange zusammen, dass ich bei der anderen »nur« den Kick suche? Oder liegt es vielleicht an mir, bin ich mit meinem Leben unzufrieden und suche Veränderung? Oder hat uns schlichtweg die Liebe verlassen? Auch das gilt es zu akzeptieren.

Hilfreich ist es häufig auch, mit der Partnerin gemeinsam eine Beratung aufzusuchen und herauszufinden, wie die Wünsche jeweils gelagert sind und ob Sie sich diese Wünsche gegenseitig noch erfüllen können und wollen.

7. Was soll ich tun, wenn sie gegangen ist?

Lassen Sie ihr und sich selbst Ruhe und Zeit. Auch wenn Sie um Ihre Partnerin kämpfen wollen – laufen Sie ihr nicht sofort hinterher. Sie hat sich gerade »befreit« und braucht Luft zum Durchatmen, die dürfen Sie ihr nicht nehmen. Legen Sie eine Pause ein, geben Sie ihr Zeit, alles noch einmal in Ruhe zu überdenken. Für sie ist jetzt nichts so unattraktiv wie ein Mann, der jammert: »Ich leide so, komm doch zurück.« Je fester Sie an ihr ziehen, desto weiter läuft sie weg. Nach einer Pause von mindestens vier Wochen können sie noch mal das volle Programm auftischen: Blumen – Briefe – Romantik – und was Ihnen sonst noch einfällt.

Oder versuchen Sie, Ihre Expartnerin eifersüchtig zu machen. Hat sie noch Gefühle für Sie, wird sie von sich hören lassen. Gibt es keine Reaktion, sollten Sie die Trennung akzeptieren.

8. Was soll ich nicht tun, wenn sie gegangen ist?

Auf keinen Fall sollten Sie Spielchen treiben wie:

- Telefonterror
- unangemeldet vor ihrer Tür stehen
- sie vor ihrer Wohnungstür im Auto abfangen
- ihr große Blumensträuße oder andere größere Geschenke senden
- Verwandte und Freunde Ihrer Expartnerin mit Fragen darüber nerven, was sie wann, wo und mit wem macht

Ganz peinlich – und außerdem am Rande der Legalität – ist es, wenn Sie noch den Schlüssel für ihre Wohnung haben und ihn auch benutzen. Mit anderen Worten: Während sie aus dem Haus ist, in ihre Wohnung eindringen und Tagebücher lesen, das benutzte Geschirr kontrollieren, Ihre E-Mails ausspionieren, in ihrem Nachtschrank nachsehen, wie viele Kondome dort liegen, etc.

Gab es womöglich noch einen Hoffnungsschimmer, dass sie zu Ihnen zurückkehrt, sind Sie spätestens in dem Moment für sie gestorben, in dem sie das herausfindet!

9. Bin ich beziehungsunfähig?

Höchstwahrscheinlich nicht. Wenn wir verlassen werden, bricht unser Selbstbewusstsein zusammen. Wir denken dann, es kann nur an uns liegen, und flüchten uns in die Opferrolle. Aber Ihre Partnerin wollte vielleicht nur ein anderes Leben, deshalb ist sie gegangen. Nicht weil Sie in der Beziehung versagt haben.

Versuchen Sie sich ganz ehrlich folgende Fragen zu beantworten: Wie lange war ich in meinem Leben in festen Beziehungen, bzw. wie lange haben die einzelnen Beziehungen gehalten? Aus welchen Gründen sind meine Beziehungen gescheitert? Wenn Trennungen immer nach demselben Muster verliefen, sollten Sie Ihr Problem vielleicht mit professioneller Hilfe lösen.

Oft ist es auch hilfreich, gute Freunde zu diesem Thema zu befragen. Sie kannten vielleicht mehrere Ihrer Expartnerinnen und können als Außenstehende Vergleiche ziehen und Ihnen eine neutrale Einschätzung geben.

Vielleicht haben Sie auch das Glück, mit einer Expartnerin noch gut befreundet zu sein. Bitten Sie sie um ein Gespräch und ihre ehrliche Meinung. Sie ist eine Expertin für dieses Thema.

10. Warum werde ich immer wieder verlassen?

Wenn Sie immer wieder verlassen werden, sollten Sie mal etwas tiefer nach den Gründen schauen: Gibt es da ein Kindheitstrauma? Klammern Sie vielleicht zu sehr? Sind Sie über die Maßen eifersüchtig? Wiederholen sich in Ihren Beziehungen immer dieselben Muster, könnte hier durchaus Beratungs- und Handlungsbedarf bestehen.

Vielleicht setzen Sie sich auch mit Ihren Expartnerinnen in Verbindung. Fragen Sie sie nach den Beweggründen, die sie für die Trennung hatten.

Wer ein gutes Verhältnis zu seinen Eltern hat, kann diese auch zu Rate ziehen. Ihren Eltern kennen Ihren Charakter schließlich besonders gut.

11. Woran merke ich, dass ich betrogen werde?

- Das Interesse Ihrer Partnerin an Ihnen lässt nach.
- Sie macht sich schön, aber nicht für Sie, sondern geht anschließend allein aus dem Haus.
- Sie will keinen Sex mehr – die meisten Frauen können nicht mit zwei Männern gleichzeitig sexuelle Beziehungen haben.
- Sie legt wenig Wert auf häusliche Geborgenheit und gemeinsame Mahlzeiten: Liebe geht ja bekanntlich durch den Magen.
- Sie ist häufig unterwegs und besucht angeblich Freundinnen und Kurse.
- Wenn Sie auf Geschäftsreise gehen, kann sie ihre Freude kaum verbergen.
- Sie ist neuerdings nicht mehr beleidigt, wenn Sie abends zu spät nach Hause kommen.
- Sie hat sich eine neue Eigenschaft zugelegt: Sie hört Ihnen nicht mehr zu.
- Sie versteckt ihr Handy vor Ihnen.

- Im gemeinsamen Haushalt wird nur noch das Nötigste gemacht und alles sehr halbherzig.
- Sie fängt heimlich an, Dinge nach »Deins« und »Meins« zu sortieren (sie bereitet ihren Auszug vor).
- Sie nörgelt nicht mehr an Ihnen herum.
- Sie hat dieses besondere Glänzen in den Augen.

12. Soll ich ihr einen Seitensprung beichten?

Wenn es wirklich nur ein Seitensprung war – auf gar keinen Fall! Denn wenn Sie beichten, nehmen Sie Ihrer Partnerin komplett das Vertrauen. Und dann geht der Teufelskreis los: Vielleicht kontrolliert Sie von da an heimlich Ihr Handy oder Ihre E-Mails, oder sie folgt Ihnen zu Ihren Verabredungen. Jede harmlose Verabredung oder sportliche Aktivität müssen Sie dann genauestens erklären, weil hinter allem immer das Misstrauen stehen wird: Mit wem trifft er sich? Was macht er? Auf jeden Fall hat die Schüssel einen Sprung bekommen, der sich nicht kitten lässt. Also schweigen Sie, damit tun Sie sich selbst einen großen Gefallen, wahrscheinlich möchten Sie Ihr Leben von jetzt an nicht unter ständiger Kontrolle verbringen.

13. Wie kann ich sie endlich vergessen oder loslassen?

Indem Sie sich in eine Neue verlieben. Das ist aber ein weiter Weg. Sie müssen viel an sich arbeiten und das Loslassen lernen, um die Blockade zu lösen. Machen Sie sich klar, dass nur wiederkommen kann, was Sie wirklich losgelassen haben. Ob es nun Ihre Expartnerin ist oder eine neue Liebe. Geben Sie sich Geduld und Zeit, holen Sie sich Hilfe. Irgendwann werden Sie frei sein, und Ihr Herz kann sich wieder einer neuen Liebe öffnen.

Wenn Sie merken, dass Sie schon ganz mürbe vor Trauer sind, nehmen Sie sich eine Auszeit und machen Sie eine »Leidenspause«. Erlauben Sie sich selbst wieder ein wenig Fröhlichkeit und Lebensfreude. Vielleicht beginnen Sie ein neues Hobby oder machen einen Aktivurlaub. Sie werden dort auch Menschen kennen lernen, die Ihnen vielleicht neue Impulse geben. Tun Sie das, was Sie schon immer tun wollten und sich bisher mit Rücksicht auf die Partnerschaft immer versagt haben: Machen Sie einen Tauchschein, einen Pilotenschein oder worauf Sie gerade Lust haben. Legen Sie sich ein neues Outfit zu, wechseln Sie die Wohnung oder verändern Sie Ihre Wohnungseinrichtung.

Versuchen Sie sich ganz bewusst an das zu erinnern, was Sie in der Beziehung genervt hat, und freuen Sie sich, dass Sie davon nun verschont bleiben.

Laden Sie die Freunde ein, die Ihre Expartnerin noch nie leiden konnte, oder machen Sie alte Schulfreunde und Kollegen wieder ausfindig, und geben Sie eine coole Alte-Zeiten-Revivalparty.

14. Macht Liebeskummer krank?

Ein klares Ja. Liebeskummer kann schwer krank machen – bis hin zur Arbeitsunfähigkeit. Von Migräneanfällen, Essstörungen und Panikattacken über Magen-Darm-Beschwerden, Bandscheibenvorfälle und Depressionen bis hin zum Herzinfarkt reicht die Palette der Krankheiten, die durch Liebeskummer ausgelöst werden können. Im Grunde gibt es keine Krankheit, die nicht durch Liebeskummer ausgelöst werden kann. Auch chronische Krankheiten werden häufig durch Liebeskummer verschlimmert. Die Medizin kennt darüber hinaus sogar das so genannte Broken-Heart-Syndrom (Stress-Kardiomyophathie), eine akute Herzschwäche, die in emotionalen Ausnahmesituationen auftreten kann.

Daher der Tipp aus der Liebeskummer-Praxis: Suchen Sie bei ersten Anzeichen von körperlichen Beschwerden unbedingt den Arzt Ihres Vertrauens auf. Wenn nötig, lassen Sie sich krankschreiben. Manchmal hilft es, ein paar Tage »durchzuheulen«, und dann ist man schon ein Stück weiter.

15. Warum gehe ich immer wieder fremd?

Wenn es Ihnen immer wieder »passiert«, dass Sie Ihre Partnerin betrügen, sollten Sie sich mit einer neutralen Person zusammensetzen und die Ursachen dafür herausfinden. Wo ist das Defizit in Ihrer Beziehung? Fehlt es an der Liebe oder am Sex? Brauchen Sie den Kick, um dem Alltag zu entfliehen? Müssen Sie Ihr Selbstbewusstsein aufpolieren? Wollen Sie dadurch mehr Aufmerksamkeit von Ihrer Partnerin bekommen? Oder suchen Sie im Grunde eine neue Partnerin? Auf Sie wartet ein wenig therapeutische Arbeit.

16. Soll ich im Büro von meinem Liebeskummer erzählen?

Ja, unbedingt. Wer sich dem Chef und den Kollegen gegenüber öffnet, dem wird auch mehr Verständnis entgegengebracht, wenn es mal nicht so läuft wie sonst. Andernfalls wird schnell gefragt: Was ist dem mit dem los? Hat der keine Lust oder warum lässt der sich so hängen? Und vielleicht bekommen Sie ja sogar noch den einen oder anderen wertvollen Tipp von den Kollegen – denn die meisten waren ja schon einmal in einer ähnlichen Situation.

In der japanischen Kosmetikfirma Himes & Company gibt es mittlerweile übrigens sogar Sonderurlaub für Liebeskummer-Kranke. Jüngere Kollegen haben einen Tag Herzschmerz-Urlaub, ältere sogar bis zu drei Tage pro Jahr!

17. Soll ich eine Annonce aufgeben, um eine neue Partnerin zu finden?

Ja, unbedingt. Ich habe es in der Praxis schon häufig erlebt, dass Menschen durch Anzeigen oder durch das Chatten im Internet eine neue Partnerin kennen gelernt haben. Zwei ehemalige Klienten von mir haben diese Partnerinnen sogar geheiratet.

Hier eine der schönsten – und zugegebenermaßen längsten – Anzeigen, die ich jemals gelesen habe. Vielleicht kann sie Ihnen Anregungen für Ihre eigene Anzeige geben.

Über die Liebe

Liebe ist nur ein Wort – titelte einst Johannes Mario Simmel. Aber was verbirgt sich dann hinter »LIEBE«? Gefühle? Großes Problem. Denn was sind Gefühle? Hormonelle Schwankungen? Steigender Blutdruck, schnellerer Herzschlag? Oder besteht Liebe aus »Bildern«? Bilder von 2 Menschen, die Hand in Hand am Strand spazieren gehen? Die nach der Geburt ein Baby gemeinsam in Händen halten? Die engumschlungen vor einem Kaminfeuer liegen und sich in die Augen sehen? Zitate hierzu offenbaren die

Schwierigkeiten, die Menschen mit der Liebe haben. Liebenswerte Beispiele: Liebe = Der Versuch der Natur, den Verstand aus dem Weg zu räumen. Liebe = Die einzige Sklaverei, die als Vergnügen empfunden wird. Liebe = Die wunderbare Gabe, einen Menschen so zu sehen, wie er nicht ist. Liebe = Eine tolle Krankheit – da müssen immer gleich zwei ins Bett. Liebe = Eine vorübergehende Blindheit für die Reize anderer Frauen. Frauen lieben die einfachen Dinge des Lebens – beispielsweise Männer. Es gibt doch nichts anderes, wofür es sich zu leben lohnt, als die Liebe. Die wirkliche Liebe beginnt, wo keine Gegengabe mehr erwartet wird. +++ Ich denke, dass jeder seine Definition finden muss. Jemanden lieben heißt für mich, glücklich zu sein, den anderen zu sehen. Das Gefühl zu haben, »angekommen« zu sein. Gemeinsam lachen, aber auch heulen können (z. B. bei Herz-Schmerz-Movie). Anerkennung zu erfahren für das, was man ist und was man leistet. Vertrauen, Vertrautheit, Nähe, Rückhalt und Zuverlässigkeit. Sich aneinander reiben, auch intellektuell. Trotzdem eine möglichst große Schnittmenge zu teilen, weil sich Gegensätze m. E. nur kurzfristig anziehen. Offene Kommunikation. Geistige Toleranz. Einen Menschen lieben, heißt einzuwilligen, mit ihm alt zu werden. Aus Erfahrung weiß ich, dass es leider keine Garantien gibt. Ich bin Anfang 40 und nach 10-jähriger Partnerschaft quasi »Single wider Willen«. Beruflich stark engagiert. Studiert. Weder Disco-King noch Partylöwe. Wie mir von anderer Seite bescheinigt wird, bin ich humorvoll und man kann mit mir Tränen lachen. Gepflegte Erscheinung, aber kein Schönling. Koche gerne und bevorzuge leckere Rotweine. Reisen: lieber kurz, aber dafür intensiv. Beneide James Dean irgendwo. Wen suche ich? Eine nette Frau! Aussehen? Keine Ahnung. Hauptsache gepflegt. Du musst mir gefallen, da gibt es kein Klischee. Alter? Hmmmm… 30–40? +/–! Single – bin ich ja auch! Alleinerziehend mit Kind – gerne! Frau mit Kinderwunsch und Familiensinn – wunderbar! Turn-offs: Rauchen. Wer küsst schon gerne einen Aschenbecher??? Ich weiß, dass du irgendwo da draußen bist. Nur – ich weiß nicht, wie ich dich finden kann. Vielleicht habe ich Glück und du liest diese Zeilen. Dann melde dich einfach unter xxx. Ich freue mich über deine Gedanken zur »Liebe«.

18. Habe ich sie mit meiner Eifersucht eingeengt?

Diese Frage können Sie sich nur selbst beantworten. Wenn Sie ein eher eifersüchtiger Typ sind, sollten Sie an sich arbeiten. Wie das Wort schon sagt: »Eifer-sucht« ist eine Sucht. In unangebrachtem Maße eifersüchtig sind in der Regel Menschen mit sehr wenig Selbstwertgefühl. Sie fühlen sich klein, ungeliebt oder nicht der Liebe wert. Sie meinen, jeder andere könnte ihnen ins Gehege kommen, denn alle anderen sind ja besser als Sie selbst. Sie haben ständig Angst, dass ihre Partnerin sie wegen eines anderen verlassen könnte.

Anzeichen für übermäßige Eifersucht sind:

- Sie spionieren Ihrer Partnerin hinterher oder kontrollieren Ihr Handy.
- Sie sind sauer, wenn Ihre Partnerin sich mit Freundinnen oder mit ihrer Familie trifft.
- Sie sind eifersüchtig auf das gute Verhältnis, das Ihre Partnerin zu ihren Eltern oder zu ihren Kindern hat.

Mein Tipp: Suchen Sie einen Coach oder einen Therapeuten auf, der Ihnen hilft, Ihr Selbstwertgefühl aufzupolieren. Sie werden sich wie befreit fühlen und es nicht mehr nötig haben, eifersüchtig zu sein und sich minderwertig zu fühlen.

19. Wollen Frauen heute noch geheiratet werden? Soll ich ihr einen Antrag machen?

Alle Frauen möchten heiraten – früher oder später. Lassen Sie sich nicht durch die Medien beirren: Aus meiner Erfahrung will jede Frau den Mann fürs Leben und das häusliche Nest. Und mit Heirat meine ich das volle Programm: Romantik, tolles Kleid, große Feier (oder klein und sehr romantisch), Hochzeitsreise …

Ihr Antrag bestätigt Ihrer Partnerin: Du bist das Wichtigste für mich, ich liebe nur dich, ich will mit dir mein Leben verbringen, ich möchte mit dir alt werden, ich respektiere dich, ich möchte alles mit dir teilen. Und bitte lassen Sie größtes Fingerspitzengefühl walten, wenn Sie sie fragen! Ein schnödes »Was hältste davon, wenn wir heiraten, dann könnten wir auch Steuern sparen« ist nicht das, wovon sie träumt.

Manchmal ist ein Heiratsantrag gerade in einer Trennungssituation das, was Ihre Partnerin jetzt braucht.

20. Soll ich ihre beste Freundin aushorchen?

Nein, das sollten Sie auf keinen Fall tun! Was auch immer sie Ihnen berichten wird, es wird für Sie bloß schmerzlich sein.

Hören Sie, dass Ihre Expartnerin einen Neuen hat, tut es weh. Hören Sie, dass sie keinen Neuen hat, machen Sie sich womöglich falsche Hoffnungen. Und wenn die Freundin Sie aus irgendeinem Grund schonen möchte und Ihnen irgendwas Nettes (aber Unwahres) erzählt, bringt Sie das auch nicht weiter. Informationen über Dritte laufen immer Gefahr, fehlinterpretiert zu werden.

Und Sie müssen natürlich davon ausgehen, dass alles, was Sie wissen wollen oder sagen, auf dem kürzesten Weg bei Ihrer Expartnerin ankommt, denn schließlich ist die Mittelsperson ja ihre beste Freundin. Und vermutlich wird Ihrer Expartnerin gar nicht gefallen, dass Sie sich jetzt an ihre Freunde »heranmachen«, anstatt den Mut zu haben, mit ihr persönlich zu sprechen.

Noch schlimmer ist es übrigens, die gemeinsamen bzw. ihre Kinder auszuhorchen – wie es mein Exfreund noch Jahre nach der Trennung immer wieder getan hat. Kinder (auch erwachsene Kinder) sollten aus solchen Geschichten tunlichst herausgehalten werden.

Mein Tipp: Wenn Sie Sehnsucht oder Fragen haben, wenden Sie sich direkt an Ihre Expartnerin, am besten ganz altmodisch per Post. Damit meine ich aber weder persönliche Belästigungen noch Telefon-, SMS- oder E-Mail-Terror! Wenn Ihre Expartnerin Ihnen zu verstehen gibt, dass sie keinen Kontakt mit Ihnen möchte, sollten Sie das akzeptieren.

Was sich Frauen von Männern wünschen und umgekehrt

Aus meiner praktischen Erfahrung weiß ich: Ein wichtiger Grund, aus dem viele Beziehungen scheitern, sind die unterschiedlichen Erwartungen, die beide Partner aneinander stellen. Genauer gesagt: Oft ist es die Unkenntnis der Wünsche und Erwartungen des anderen, die dazu führen, dass man irgendwie nicht mehr zueinander findet. Ich kann schon nicht mehr zählen, wie oft mir Männer in meiner Praxis die Frage gestellt haben: Was wollen Frauen eigentlich? Und genauso viele Frauen möchten dasselbe von den Männern wissen.

Für dieses Buch bin ich diesen beiden Fragen auf den Grund gegangen. Ich habe rund 100 Klientinnen und Klienten in meiner Praxis gebeten, mir zu sagen, was sie sich von ihrem (nächsten) Partner bzw. Ihrer (nächsten) Partnerin wünschen. Dabei habe ich keine Vorgaben in Form eines Fragebogens gemacht, sondern die Teilnehmerinnen und Teilnehmer frei formulieren lassen. Folgendes ist herausgekommen:

Die Top 5 Wünsche der Frauen

- Sexuelle Aktivität und Offenheit
- Humor
- Ehrlichkeit
- Aufmerksamkeit
- Gute Streitkultur/Problembewusstsein

Eine der befragten Frauen bringt ihre Wünsche sehr schön auf den Punkt, indem sie sagt: »Ich erwarte absolute Ehrlichkeit und Treue natürlich. Und wenn es mal nicht geklappt hat mit der Treue, kommt wieder die Ehrlichkeit ins Spiel.«

Etwas »ausgefranster« und für viele Frauen sicherlich überraschend sieht es im Feld der männlichen Favoriten aus:

Die Top 6 Wünsche der Männer

- Attraktives Äußeres
- Selbstständigkeit beider Partner
- Treue
- Verlässlichkeit
- Vertrauen
- Gute Streitkultur/Problembewusstsein

Einen interessanten »Ausreißer« unter den männlichen Antworten möchte ich Ihnen außerdem nicht vorenthalten: »Ich wünsche mir ein wirksames Mittel gegen PMS« (prämenstruelles Syndrom).

Bringen die Antworten der Frauen wenig Überraschendes zutage, so zeigen die der Männer, was ich aus sechs Jahren Liebeskummer-Praxis gelernt habe: Die Männer sind wesentlich besser als ihr Ruf! Zwar ist es immer noch das gute Aussehen einer Frau, nach dem sie sich zunächst einmal den Hals verrenken, aber welche Frau hat gegen Treue, Verlässlichkeit und Vertrauen irgendetwas einzuwenden? Und die beste Nachricht lautet: Problembewusstsein und eine gute Streitkultur stehen relativ hoch im Kurs – auch bei den Männern!

Ein Ratschlag zum Schluss

Die 25 Geschichten, die in diesem Buch versammelt sind, zeigen, wie unterschiedlich die Männer fühlen, die in meine Praxis kommen. Was sie alle gemeinsam haben, ist der große Schmerz, unter dem sie leiden, weil sie von einem geliebten Menschen verlassen wurden.

Im Gegensatz zu Frauen erlebe ich es bei Männern allerdings häufig, dass sie erst sehr spät, manchmal zu spät zu mir in die Praxis kommen. Ich verweise wesentlich mehr Männer zum Arzt als Frauen, denn Männer versuchen so lange durchzuhalten, bis gar nichts mehr geht. Bis sie den Besuch bei mir als allerletzten Ausweg aus ihrem Leid sehen. Sie sind dann häufig psychisch und körperlich schon vollkommen am Ende.

Wenn sie mir dann erst einmal ihre Geschichte erzählt haben, merken sie, wie gut es tun kann, einmal offen über die eigenen Gefühle zu sprechen. Viele stellen dann sogar fest, dass es genau das war, was sie jahrelang in ihrer Beziehung versäumt haben – und genau aus diesem Grund gehen die allermeisten Beziehungen schließlich auseinander. Sehr viele Männer haben, bevor sie zu mir kommen, im Alltag immer nur funktioniert, haben gearbeitet wie wild, um der Familie einen gewissen Lebensstandard zu ermöglichen, die Kinder oftmals nur im Sonntagskleid gesehen, und wenn dann endlich mal Urlaub war, wurden sie prompt krank, weil der Körper sich dann sein Recht nimmt, um sich von den Strapazen der letzten Monate zu erholen.

Solche Männer merken gar nicht, wie sich die eigene Frau von ihnen entfremdet. Dass sie immer und immer wieder predigt: So kann es nicht weitergehen! – das nehmen sie mit einem Ohr zur Kenntnis und sind mit dem anderen schon wieder am Geschäftshandy. Obwohl sie eigentlich nur das Beste im Sinn haben und nicht die geringste böse Absicht dahinter steht, leiden in solchen Konstellationen übrigens alle Familienmitglieder: Der Mann steht ständig unter Druck zwischen Job und Familie, die Frau fühlt sich allein gelassen, und die Kinder sind immer in der Sehnsucht nach ihrem Papa, der sie doch auch mal zum Schulfest begleiten oder vom Hockeytraining abholen soll.

Erst wenn die Frau dann schließlich einen Schlussstrich zieht, sich entweder in einen anderen verliebt oder sich für ein Leben mit den Kindern allein entscheidet, brechen solche Männer total zusammen. Sie kommen dann in meine Praxis und sagen: »Meine Frau hat mich *plötzlich* verlassen.« Aus der Sicht der Frau hat sich diese Trennung aber bereits über Jahre hinweg angebahnt.

In meiner eigenen Ehe war es so: Wenn wir gemeinsam in den Urlaub gefahren sind, war mein Mann meist zum Sport unterwegs – zum Tennis, zum Beachvolleyball oder auf dem Golfplatz. Manchmal habe ich ihn nur kurz zum Frühstück gesehen, dann erst abends zum Abendessen. Sie können sich vorstellen, dass ich mir meinen Familienurlaub anders vorgestellt hatte.

Einmal ist es mir auf Ibiza sogar passiert, dass ich am Strand mit einer netten Frau ins Gespräch kam und sagte: »Mein Mann muss leider morgen schon wieder abreisen, dann sind wir den Rest der Woche allein hier.« Und als Antwort kam von ihr: »Ach, Sie sind mit einem Mann hier? Ich dachte, Sie seien allein mit ihren Kindern da. Ihren Mann habe ich ja überhaupt noch nicht gesehen.« – Da hatte man in zehn Tagen Urlaub überhaupt noch nicht gemerkt, dass ich einen Mann habe! Und das in einem wirklich kleinen, überschaubaren Hotel!

Und ich kann Ihnen sagen, wenn solche Männer dann verlassen werden, sind sie vollkommen ratlos. »Ich weiß gar nicht, warum meine Frau gegangen ist«, sagen sie dann, »sie hatte doch alles. Wir haben immer toll Urlaub gemacht, sie hat einen coolen Sportwagen, alle Kreditkarten dieser Welt, den teuersten Friseur der Stadt, und auch sonst bin ich wirklich nie geizig gewesen. Ich versteh das einfach nicht.« Dabei ist es den meisten Frauen nicht so wichtig, noch das zehnte neue Designerkleid im Schrank zu haben, sie wollen schlicht und ergreifend Aufmerksamkeit und Zeit von ihrem Partner. – Und liebe Männer, ich kann Ihnen sagen, wenn so eine Frau sich dann nach Jahren des »Mangels« endlich entliebt hat und geht, dann kommt sie nie, nie wieder zurück.

Eine andere Variante dieser Geschichte geht so: Nach zehn oder fünfzehn Jahren Ehe haben beide sich nichts mehr zu sagen und verlieren auch sexuell den Draht zueinander. Dann läuft der Alltag zwar gut, beide haben sich miteinander arrangiert, aber irgendetwas fehlt. Und sobald die Sehnsucht nach Zärtlichkeit und körperlicher Zuwendung groß genug ist, nimmt er oder sie oder beide sich schließlich eine Geliebte bzw. einen Geliebten. Und so gehen die Dinge ihren Gang, die Verletzungen sind vorprogrammiert, und eines Tages wird die ganze Geschichte eskalieren. Denn nur weil das sexuelle Interesse am Ehepartner nicht mehr so groß ist, heißt es natürlich noch lange nicht, dass man dem anderen zugesteht, sein sexuelles Heil woanders zu suchen. Die Kränkungen sind dann nicht weniger tief als bei Paaren, die bislang immer noch Sex miteinander hatten.

Interessanterweise sind es hier besonders die »treuen« Männer, diejenigen die sich nicht trauen, etwas mit der Sekretärin oder der Arbeitskollegin anzufangen, die dann zu einer Prostituierten gehen. Sie haben dann weniger das Gefühl, ihre Frau zu betrügen, sondern sehen die »Sache« eher als Befriedigung eines natürlichen Bedürfnisses an. Aber gerade weil sie so treu sind, gehen sie dann gern auch immer zu der gleichen Dame … Allerdings habe ich in meiner Praxis in den letzten Jahren schon zweimal erlebt, dass daraus ein Verhältnis geworden ist. Erfährt die eigene Ehefrau dann davon, ist sie auf der Stelle weg. Denn keine Frau wird eine solche »Konkurrentin« neben sich akzeptieren. Schon manchmal hatte ich Klientinnen hier, die vollkommen empört sagten: »Mein Mann hat was mit ’ner Nutte – wie kann denn das sein? Der hätte doch mal was sagen können!«

Und für die Männer endet das Ganze dann als teurer »Spaß«. Denn eine Frau aus dem Gewerbe freizukaufen, ist finanziell zum einen nicht ganz ohne – und darüber hinaus außerhalb des Legalen. Und ob die Frau dann überhaupt bei ihrem »Erlöser« bleiben wird, sei mal dahingestellt …

So oder so: Langfristiges Liebesglück ist immer nur dann möglich, wenn beide bereit sind, etwas für die Beziehung zu tun, sich zu öffnen und das Gespräch zu suchen. Wenn sexuell nichts mehr läuft, sollte jeder erwachsene Mensch in der Lage sein, mal Klartext zu reden und zu fragen: Was ist hier eigentlich los? Wollen wir nicht? Können wir nicht? Brauchen wir vielleicht eine Beratung?

Oder lieben wir uns nicht mehr? Dann sollten wir am besten die Konsequenzen ziehen.

Bitte, liebe Männer, nehmen Sie sich diesen Ratschlag zu Herzen: Frauen wünschen sich in der Regel weichere und gesprächsbereitere Männer. Ein Mann, der Gefühle zeigt, ist für uns Frauen noch lange kein Weichei. Ganz im Gegenteil! Flüchten Sie sich bitte nicht bei einem Konflikt zur Arbeit, zum Sport, auf Geschäftsreise, in eine Krankheit oder in die Arme einer »unkomplizierten« bzw. »stressfreien« Geliebten. Sie werden feststellen, dass Sie mit einem Gespräch oder sogar mal mit einem Gefühlsausbruch (auch wenn er ihnen unangenehm vorkommt!) nicht nur Ihrer Partnerin, sondern auch sich selbst helfen werden.

In meiner Praxis erlebe ich täglich, wie gefühlvoll und verletzlich Männer sein können, und das macht die Männer doch für uns Frauen interessant, spannend und reizvoll. Solche Männer wünschen wir Frauen uns!

Dieser Tipp soll Ihnen, liebe Männer, Mut machen, sich ins Gefühl fallen zu lassen und auch darüber zu reden. Denn die wenigsten Frauen können sich auch nur im weitesten Sinne vorstellen, wie sensibel Männer sind.

Von Herzen
Ihre Silvia Fauck

Literaturempfehlungen

Bernstein, Anne C.: Die Patchwork-Familie. Stuttgart 1990
Breitenstein, Berend / Rossmeier, Armin: Die Kraftküche. Reinbek 2000
Brost, Hauke: Wie Männer ticken. Berlin 2005
Dürr, Stephen: Zurück im Leben. Bergisch-Gladbach 2004
Fauck, Silvia / Felbinger, Helga: Liebeskummer. Wenn das Herz zu brechen droht. Stuttgart 2006
Kampenhout, Daan van: Ich lasse mich finden. Wie mein Wunschpartner zu mir kommt. Heidelberg 2007
Kast, Verena: Wenn wir uns versöhnen. Stuttgart 2005
Katie, Byron: Lieben was ist. Wie vier Fragen Ihr Leben verändern können. München 2002
Lassen, Arthur: Heute ist mein bester Tag. Bruchköbel 2000
Petri, Horst: Verlassen und verlassen werden. Stuttgart 2005
Schwanitz, Dietrich: Männer. Eine Spezies wird besichtigt. Frankfurt/M. 2001
Senger, Gerti: Liebeskummer – Eine Chance. München 2000
Stark, Michael / Sandmeyer, Peter: Wenn die Seele S.O.S. funkt. Hamburg 1999
Weyershausen, Karsten / Völkel, Michael: Schade, dass du endlich weg bist. Das Trennungs-Tagebuch. Berlin 2006
Wolf, Doris: Wenn der Partner geht. Mannheim 2005

Hilfreiche Internetadressen

Homepage von Silvia Fauck: www.liebeskummer-praxis.de
www.berend-breitenstein.de
www.kummernetz.de
www.profamilia.de
www.telefonseelsorge.de

Partnervermittlung im Internet
www.elitepartner.de